ESPERANZA DESPUES DEL DOLOR

PORQUE TODAS LAS COSAS AYUDAN PARA BIEN

German Bonilla

iUniverse, Inc.
New York   Bloomington

ESPERANZA DESPUES DEL DOLOR
PORQUE TODAS LAS COSAS
AYUDAN PARA BIEN

iUniverse books may be ordered through booksellers or by contacting:

iUniverse
1663 Liberty Drive
Bloomington, IN 47403
www.iuniverse.com
1-800-Authors (1-800-288-4677)

Because of the dynamic nature of the Internet, any Web addresses or
links contained in this book may have changed since publication and may
no longer be valid.

ISBN: 978-1-4502-2351-5 (sc)
ISBN: 978-1-4502-2352-2 (ebk)

Printed in the United States of America

iUniverse rev. date: 5/17/2010

Contenido

Agradecimiento ix

Introducción xi

1. El baul de los recuerdos 1

2. La boda 12

3. La ceremonia 20

4. La consumación 25

5. Empezando de nuevo 33

6. Marcados 42

7. Esperanza de vida eterna 62

8. Todo sirve para bien 71

9. Reflexiones 79

10. Conclusión 92

Nota aclaratoria 99

DEDICATORIA

Este trabajo va dedicado a todos los "marcados" de Dios, sus escogidos… para llevar una carga no tan ligera; pero que al final nos sirve para dar a El toda gloria y honor y a nosotros una seguridad absoluta de su amor. En medio de la peor de las tragedias, como es la pérdida de un hijo, Dios está allí…recordándonos que El sufrió lo mismo y que lo hizo por amor. Hoy hemos entendido que "todo ayuda para bien".

AGRADECIMIENTO

Primeramente a mi Señor por todo lo grande y maravilloso que ha sido conmigo y luego a mi esposa Gloria por toda la paciencia que Dios le ha dado para soportarme por tantos años. Le doy gracias a mis pastores Manuel y Conchita Montes, mis padres espirituales, quienes me enseñaron el significado de ser cristiano. También le doy gracias a todos mis hermanos en Cristo que siempre han estado allí, apoyándome, especialmente a Juan de Dios Vaca y su esposa . Al Hno. Serratos, un hombre con un corazón grande; agradezco a los pastores Ramírez por hacerme parte de su equipo y a los pastores Ariel y Rosa Rodríguez por darme la oportunidad de ayudarles en la Iglesia Emmanuel Antelope Valley en la ciudad de Palmdale. No quiero dejar por un lado a mis hermanos Raul, René, Gladis y Judith por todo lo bueno que han sido y también a mis hijos Glenda, Wilfredo, Ramón Eduardo, Claudia y Tanya, incluyendo a Germancito, quien se me adelantó por unos días.

German A Bonilla
Palmdale CA, primavera del 2009.

ESPERANZA DESPUES DEL DOLOR

Introducción

Hace un par de semanas sufrí un pequeño ataque de parálisis facial, lo cual vino a cambiar por completo mi forma de vivir, lo sentí como un balde de agua fría en el invierno y mi primera reacción no fue el preguntarle a Dios ¿por qué? Sino mas bien, un sentimiento de culpa para conmigo mismo. Verdaderamente no estaba viviendo, estaba corriendo y aunque estoy consciente que me estaba moviendo en cosas para Dios, lo estaba haciendo para olvidar o para no enfrentarme a la realidad de lo que EL me había permitido vivir. Descuidé por completo su templo y de un día para otro me encontré postrado en cama, yo que nunca había visitado un hospital por enfermedad, que todo el tiempo me había sentido sano y fuerte...ahora me veía imposibilitado... como si el Señor hubiera dicho: "¡Hasta aquí!". No me puedo quejar en nada de Dios, sigo creyendo en mi corazón que todas las cosas que El hace nos ayudan a bien y aunque hasta la fecha sigo un poco confundido, continúo dándole la gloria y la honra , por que El se la merece. Como una ironía, un día antes estuve enseñando la Escuela Dominical y les hacía el comentario a mis hermanos que nunca había estado enfermo, que nunca había visitado un hospital, sin siquiera imaginar que el próximo día estaría en una clínica esperando para ser atendido.

Que cosa mas fea es verse al espejo y darse cuenta que él que está enfrente no es usted o al menos el que usted esperaba ver, sino verse todo torcido, irreconocible, queriendo cerrar su ojo sin lograrlo o queriendo dar una sonrisa y en vez de eso, salirle una mueca que no se imaginaba y lo más tremendo es saber que Dios tiene todo bajo control y que fue su propia culpa la que lo ha traído hasta aquí. Que horrible se siente estar en medio de aquellos enfermos, a los cuales se supone que usted puede sanar con el poder que Dios le ha dado y sentirse inútil, incapacitado. ¿Qué estoy haciendo aquí? me preguntaba con enojo al ver mucha gente a mi alrededor, enferma, y yo sin poder hacer nada, sintiendo vergüenza de mi situación. Yo sabía que ese no era mi lugar pero allí estaba, con ganas de salir corriendo.

Sin embargo no es nada de eso lo que me ha hecho escribir estas líneas sino el pasaje que Dios le dio a Isaías para el rey Ezequías y aunque mi enfermedad no es de muerte, me ha estado dando vueltas y vueltas en mi cabeza y me acordé de algo que he compartido varias veces en la iglesia: "No arrojemos nuestras tragedias al bote de la basura" sino usémoslas para darle gloria a Dios y eso es precisamente lo que yo había hecho, pero el Señor me ha permitido ver mi error y empecé a escribir. He aquí el pasaje:

"En aquellos días Ezequías enfermó de muerte. Y vino a él el profeta Isaías hijo de Amoz, y le dijo: Jehová dice así: Ordena tu casa, porque morirás y no vivirás". Is. 38:1

En ese momento el rey Ezequías pierde toda esperanza de vida, porque conocía a quien le estaba dando el mensaje, en ningún momento dudó de que era Dios quien le estaba hablando y entonces clama por su vida, rogándole a Jehová que se acordara de la manera recta que había andado delante de El, y entonces lloró y lloró con gran llanto. Mi punto es: Sí una simple enfermedad me ha tenido encerrado, reposando, ¿Que habrá sentido aquel varón después de una sentencia como ésa? He entendido que el Señor me está diciendo: "Ordena tu casa, ordena tu vida, ¿No te basta por lo que has pasado?". La verdad es que su mensaje ha sido claro y lo único que quiero es obedecer su voz. Espero en el nombre de Jesús poder terminar este libro y que sirva de bendición a otros que están pasando por algo parecido, pero más que todo, a los que van a pasar por aquí. Porque no es fácil someterse a la voluntad de Dios y aceptar todo lo que EL nos manda, sin embargo EL es Soberano y puede hacer con nosotros lo que EL quiera, porque al final siempre vamos a encontrar que lo ha hecho por amor.

Han pasado más de cinco años en los que he estado trabajando en este proyecto y siempre ha terminado en el olvido o en un sentimiento de culpa por no hacerlo, siempre poniendo pretextos de cualquier clase; pero el tiempo de Dios se ha llegado y aquí está su trabajo. Doy gracias a Dios que no tuvo que mandar a nadie para que me diera su mensaje, sino que fue EL quien escogió el día y la hora para hacerlo. Sin embargo esa noche el Señor despierta a medianoche a mi hermana Rufina para decirle: "Levántate y ora por Bonilla…ora por Bonilla" y aquella anciana preciosa despierta a su hija María y le comunica el mensaje y empezaron a orar por mi, y de repente dice ella que vio al Señor Jesús sobando mi espalda, sanando de antemano lo que el enemigo quiso dañar. El siguiente día me llamó para ver si estaba bien, entonces le comunicaron lo que había pasado, cuando vino a verme me dijo: "El Señor lo ama hermano Bonilla, el Señor lo ama" y me ha mandado aquí para sobar su espalda. Ni siquiera quiero pensar lo que hubiera pasado si el Señor no hubiera despertado a mi hermana para interceder por mi, aquella noche ella fue mi Isaías y gracias a Dios no pasó a más.

German.

Capítulo 1
EL BAUL DE LOS RECUERDOS

Una mañana de Julio del 2008 iba rumbo a mi trabajo y como siempre encendí la radio para escuchar el programa del pastor Greg Lorie, y lo que escuché en ese momento me dejó asustado y me dije a mí mismo que había escuchado mal, pero la duda quedó sembrada en mi corazón, instintivamente había apagado el radio, como no queriendo dar crédito a lo que había escuchado, al encenderlo de nuevo me di cuenta que era verdad, su hijo Christopher de 33 años había fallecido en un accidente automovilístico en Corona CA, en aquel momento se abrió de nuevo la herida y empecé a llorar, pensando en el dolor del pastor Greg pero pensando y sintiendo de nuevo dolor en mi corazón. Teológicamente enseñamos a la iglesia que no hay que preguntarle a Dios el ¿por qué? de las cosas, pero ¿como vas a poder parar tus pensamientos cuando la tragedia toca a tu puerta, cuando tú te estás dedicando en cuerpo y alma al Señor? En el caso del pastor Greg todo estaba listo para su gran cruzada del 2008, en mi caso, estaba enseñando, estudiando, era diácono, Superintendente de Escuela Dominical...mi vida se la había dedicado a Dios…mas de repente… llegó la estocada.

Años atrás buscando un mejor futuro compramos una casa en Compton CA, donde vivimos como unos 12 años, para entonces mi hijo German Antonio tenía solamente tres años, era apenas una ramita frágil, delgado pero alto para su edad. El tiempo corrió y en determinado momento mi hermana Gladis y sus hijos se vinieron a vivir con nosotros; para entonces yo no conocía a Dios, sin embargo El ya me había apartado. Mi hermana había sido cristiana casi toda su vida, así que mis sobrinos y mi mamá se llevaban a mi hijo para la iglesia.

En una ocasión ellos le explicaron que era necesario que aceptara a Jesús como su Salvador porque si no lo hacía iba a perder la oportunidad de volvernos a ver cuando nosotros muriéramos. En ese momento en mi hijo entró una desesperación por querer aceptar al Señor y llamó a su abuelita para que lo llevara a la iglesia, esa noche por amor a nosotros, aceptó a Jesucristo como su único y suficiente Salvador. Aunque no lo entendimos a plenitud sabíamos que había hecho algo bueno y que aquello le iba a ayudar a ser un buen hijo. Pasaron los años y lo registramos en una Escuela Cristiana (Pilgrim Christian School) en donde se leía la Biblia y además escuchaban la palabra de Dios.

En una oportunidad me pidió acompañarlo a la iglesia de la escuela porque iba a estar un predicador muy renombrado, para entonces, ya había aceptado al Señor y asistía a la iglesia Nueva vida en Cristo, donde mi esposa había encontrado lo que había buscado por muchos años: La paz del Señor; fui con mi hijo esa noche, quien para entonces tenía unos doce años, empezó el servicio y a la hora de la predicación, aquel predicador empezó a compartir su testimonio y por ultimo hizo el llamado para aceptar al Señor, pero antes, había pedido a la congragación que cerráramos nuestros ojos, mi hijo se había quedado en la esquina, así que sentí cuando pasó al frente, pero hice todo lo posible para no abrir mis ojos, en mi mente empecé a darle gracias a Dios porque ahora mi hijo estaba entregando su vida al Señor de una manera consciente, sabía lo que estaba haciendo y esto me llenó de gozo. Empecé a ir con él los domingos en la mañana y el problema para mí es que era miembro de la otra iglesia, todo esto se dio en 1996. Le pedí que me acompañara a la otra iglesia y lo hizo y allí estuvo con nosotros hasta que creció y vino a estar conmigo en la clase de Escuela Dominical.

El tiempo pasó y se llegó el momento de registrarlo en la High School y fue aquí donde empezaron los problemas para nosotros, la fama que tenía la Preparatoria de Compton no era muy buena por la cuestión racial (morenos y latinos), entonces decidimos mandarlo a estudiar a la Manual Arts High School en Los Angeles y éste fue el peor error que cometimos como padres. Sin embargo aprendimos que nunca es tarde para corregir un error y entonces lo sacamos de allí y lo registramos en la Cleveland High School en Reseda, CA, donde las cosas tampoco fueron bien porque aquí conoció nuevas amistades que lo alejaron de la iglesia y únicamente nos acompañaba para eventos especiales. Lo sacamos de esta escuela y luego de otra y al final terminó estudiando en casa.

A pesar de todo esto nunca perdió el temor a Dios, él estaba consciente de quien era Dios y alguna veces hasta le pedía a Gloria que no orara por algo, porque él sabía que ese algo se iba a dar. Mi hijo empezó a madurar y se dio cuenta que la vida no era un juego, entonces empezó a buscar trabajo porque quería hacer su propia vida y es aquí donde conoce a una jovencita llamada Shantile Cedillo y con ella conoció lo que era el amor y lo mismo pasó con ella, ambos habían tenido sus aventuras juveniles, pero ahora habían entendido lo que realmente era la vida. Mi hijo decidió moverse al norte de California, a una pequeña ciudad llamada Windsor en donde estuvo viviendo con su primo Joe, quien para ese tiempo era Manager de una tienda y le consiguió trabajo allí, el deseo de German y Shantile era estar juntos para siempre y los dos estaban trabajando en ese objetivo. El se acomodó en la casa de Joe y ella por su parte, había hecho el traspaso de los papeles de su escuela para seguir estudiando allá.

La distancia se había convertido en la barrera más grande que estos muchachos estaban enfrentando y en cada fin de semana libre que mi hijo tenía, manejaba más de 350 millas para poder verla. Se llegó noviembre del 2004 y a mi hijo le dijeron que no le podían dar vacación en la semana de "Acción de Gracias" porque había mucho trabajo y le ofrecieron dárselas unos días antes. El doce de noviembre nos sorprendió cuando nos llamó por teléfono del aeropuerto de Los Angeles, le habían dado ese fin de semana y para aprovecharlo al máximo se vino en avión. Todo fue alegría aquella noche y aunque en realidad no lo esperábamos, estábamos felices de tenerlo con nosotros, después de hablar un rato con él, le dije que me iba a acostar porque el siguiente día tenía que ir a Los Angeles a comprar mercancía para mi negocio. Esa noche me fui muy feliz a la cama de ver el amor que mi hijo tenía por su mami, lo vi tomándola por la espalda, abrazándola y a la vez cargándola y besándola…y esa es la última imagen de mi hijo que guardo en mi corazón.

El siguiente día Gloria se sentía tan feliz que no hallaba la manera de demostrárselo, entonces se le vino a la mente llevarlo a un Shopping Center a comprar algo, lo que fuera, lo que ella más quería era mostrarle a nuestro hijo cuanto lo amaba y lo extraño fue que German le dijo que no quería ir, que prefería quedarse en la casa junto a ella y a Shantile, Tania y Claudia; pero por cosas que no se entienden, Gloria insistió que fueran, para entonces los padres de ella: Fernando y Erika, habían planeado una cena para esa noche y la tía Nayita también lo quería ver y todo era una verdadera fiesta, todo gracias a la actitud de mi hijo. No fue fácil decidir como irse porque todos querían andar juntos pero no cabían en un solo carro por lo que terminaron llevándose el carro de Shantile y el de Tania. Después de pensar a cual de los malls ir, se decidieron por el de Camarillo y estuvieron allá por varias horas hasta que se dieron cuenta que ya era un poco tarde y que Nayita y Erika los estaban esperando. Según las palabras de Gloria era un gozo ver aquella pareja de enamorados, sonrientes, felices, se veía que ellos formarían un gran matrimonio, entonces se llegó la hora de regresar ellos se despidieron de Gloria muy felices y salieron corriendo como dos niñitos que estaban jugando. Al salir de donde estaban, Gloria vio una tienda de perfumes y entonces les dijo que se fueran adelante y que ella los alcanzaba, ellos corrieron al carro y pasaron donde ella estaba y con mucho gozo y alegría se despidieron de ella, sin siquiera imaginarse que ese iba a ser el ultimo adiós.

No pasaron ni diez minutos para que Gloria emprendiera el regreso y al entrar al freeway se encontró que estaba completamente lleno y empezó a preocuparse porque iba a llegar tarde donde Nayita y ella tenía que pasar por la market comprando la carne para la cena, al fin pasaron por donde estaba el accidente que estaba causando aquella lentitud, un poco a la ligera vieron el carro que estaba chocado, en ningún momento cruzó por su mente que aquel carro era el de Shantile. Al llegar a la casa empezó a preocuparse porque nuestro hijo no llamaba y se estaba haciendo tarde. Luego empezó la comunicación entre las familias para saber que estaba pasando. El corazón de madre no engaña y Gloria empezó a preocuparse, entonces le hablaron a Sayer, hermano de Shantile, para preguntarle si él sabía algo, entonces él les dijo que ella le había hablado a su papá porque algo estaba fallando en el carro, él les dijo que se apartaran a un lado del freeway y que se pusieran los cinturones y que él les iba ir ayudar. Para entonces yo no sabía nada de lo que estaba pasando porque estaba en mi trabajo. Minutos más tarde Sayer le habló a Tania para que pusiera el noticiero porque estaban anunciando un accidente en aquella área y él creía que el carro que se veía todo chocado era el de Shantile, en ese momento la angustia invadió la casa y me hablaron por teléfono para que me fuera a la casa y dirigirnos a aquel lugar. En el noticiero habían dicho que dos jovencitos habían perdido la vida en aquel accidente y tanto Gloria como Tania habían perdido el control y la única esperanza era orar al Señor para que no fueran ellos. En aquel momento me inundó el temor, un temor que nunca se lo mostré a Gloria, en realidad nunca pensé que fueran ellos, ¿Cómo Dios iba a permitir una cosa así? Pero algo dentro de mí me hacía temblar y mi mente empezó a trabajar, pero me aferré a aquella idea de que no puede ser, no puede ser.

Llegué a la casa y lo primero que les dije fue que se calmaran, que no había razón para estar llorando, entonces salimos confiando en que Dios no iba a permitir que una cosa así le pasare a nuestro hijo. En aquel momento en mi mente solo estaban las palabras: "No puede ser, no puede ser, no puede ser, no p…." Al acercarnos a aquella zona el tráfico aún estaba lento en ambas direcciones y estaban sacando a la gente por un desvío. Sin hacer caso a las señales me dirigí hacia donde estaban los policías y me preguntaron que era lo que quería, entonces les explique acerca de mi hijo y al darles su nombre se fueron a consultar y me pidieron que entrara al lugar donde había sido aquel accidente, un oficial se me acercó y una vez más me preguntó por el nombre de mi hijo, mi respuesta fue German Bonilla, entonces se dirigió hacia un grupo de personas que se encontraban en la zona del desastre y al regresar con nosotros lo venían acompañando un grupo de agentes y con ellos el forense, quien al llegar a nuestro vehículo dijo: "¿ Ustedes son los padres de German?" Nuestra respuesta fue automática: Yes, entonces continuo: "Lo único que puedo decirles es que German y Shantile no sufrieron, su muerte fue instantánea, lo siento mucho". No sé como explicar lo que me pasó en ese instante, sentí odio, dolor, desesperación, me sentí defraudado y se vino a mi mente algo: "Hasta aquí…hasta aquí… hasta aquí…" me había quedado clavado en aquel pensamiento, los gritos de Gloria y de Tania me volvieron a la realidad, mi esposa le reclamaba al Señor el ¿porque no había guardado a nuestro hijo de aquella tragedia, porque permitiste esto, porque no escuchaste por lo que más te he clamado? Te has llevado mi vida…¿Porque…porque?...Yo no podía hablar, me quedé en blanco, solo esas palabras que se repetían una y otra vez: "Hasta aquí…hasta aquí".

De repente se levantó Tania y empezó a hablar con Gloria: "Mami no diga nada, no le reclame al Señor, no lo ofenda"…la respuesta de Gloria era un ¿porque, porque, porque? El cual se fue apagando lentamente; los policías se habían quedado en silencio, observando aquella escena que quizás para ellos les era familiar; no sé cuanto tiempo pasó, pero un oficial se acercó a mí y me preguntó si me podía ayudar en algo, mi respuesta fue bien clara: "Quiero ver a mi hijo, por favor déjame ver a mi hijo", aquel oficial se me quedó viendo y me dijo: "No puedo hacer eso, no está permitido", por favor déjame verlo, supliqué, pero su respuesta fue la misma y agregó: "Estamos en medio de una investigación". Aquel mismo oficial se me ofreció para llevarnos de regreso a casa, yo ni siquiera quería dejarlo manejar, me sentía enojado. No recuerdo nada del regreso a casa, todo parecía como un sueño y en lo más profundo de nuestro ser deseábamos que todo fuese un sueño.

Entonces empezaron las llamadas y volví a la realidad pero no mi realidad sino en la que Dios me envolvió, arreglé todo lo que había que arreglar sin estar consciente de lo que hacía, era como si dentro de mí vivía otro y era éste el que hacía todo . Lo único que recuerdo con exactitud es que mi hermano René no se separó de mí y aunque no recuerdo lo que hablamos, siempre estaba allí. Aquella noche mi casa se llenó de hermanos y mi pastor y su esposa también se hicieron presentes, no sé de donde salieron fuerzas y ánimo para ponernos a cantar, pero estuvimos cantando por un buen rato hasta que todos se fueron; sin embargo nunca estuvimos solos, además de Dios, nuestra familia estuvo allí.

Desde el momento que llegamos a casa sentimos la presencia de Dios sobre nosotros y empezamos a recibir palabra de Dios de hermanos o pastores que ni siquiera conocíamos y aunque el dolor estaba allí, también estaba el consuelo. Recuerdo las palabras que nuestro pastor Manuel Montes había dicho cuando le hablé por teléfono: ¿Que es lo que Dios está tratando con la familia Bonilla? y esto lo dijo porque unos meses antes, nuestra hija Tania había caído en problemas y fue una lucha intensa la que pasamos para que Dios la liberara de las garras del enemigo. No me recuerdo a que horas me fui a descansar un rato, solo sé que me hubiera gustado quedarme dormido para siempre y ya no despertar. Hasta hoy no puedo explicar lo que pasó conmigo, si sé que fue el Señor quien me movió como el quiso, aquel odio o enojo que sentía desapareció y realmente ya no era yo el que tenía el control.

Pastor Greg, yo si entiendo su dolor y aunque hasta este momento no lo conozco en persona, le pido a Dios que lo siga fortaleciendo y lo siga usando y que le permita vivir experiencias que le hagan ver y entender que al final, todo sirve para bien. Es bien fácil decir:" lo siento" pero otra cosa es experimentarlo, solo el amor de Dios nos puede unir en ese dolor y sentirlo. Con todo el corazón podemos decir "Gracias Señor que nunca estamos solos y así como estuviste escondido en Cristo soportándolo todo, así también has estado con nosotros." Es de gran fortaleza ver como el apóstol Pablo pudo sacar fuerzas de flaqueza en las diferentes pruebas que el Señor le permitió vivir:

2 Co 4:8 que estamos atribulados en todo, mas no angustiados; en apuros, mas no desesperados;

2Co 4:9 perseguidos, mas no desamparados; derribados, pero no destruidos;

2Co 4:10 llevando en el cuerpo siempre por todas partes la muerte de Jesús, para que también la vida de Jesús se manifieste en nuestros cuerpos.

2Co 4:11 Porque nosotros que vivimos, siempre estamos entregados a muerte por causa de Jesús, para que también la vida de Jesús se manifieste en nuestra carne mortal.

Hay momentos que los comentarios que se oyen duelen más que lo que se está viviendo. Pero en todo el Señor nos saca adelante:

2Co 6:3 No damos a nadie ninguna ocasión de tropiezo, para que nuestro ministerio no sea vituperado;

2Co 6:4 antes bien, nos recomendamos en todo como ministros de Dios, en mucha paciencia, en tribulaciones, en necesidades, en angustias;

2Co 6:5 en azotes, en cárceles, en tumultos, en trabajos, en desvelos, en ayunos;

2Co 6:6 en pureza, en ciencia, en longanimidad, en bondad, en el Espíritu Santo, en amor sincero,

2Co 6:7 en palabra de verdad, en poder de Dios, con armas de justicia a diestra y a siniestra;

2Co 6:8 por honra y por deshonra, por mala fama y por buena fama; como engañadores, pero veraces;

2Co 6:9 como desconocidos, pero bien conocidos; como moribundos, mas he aquí vivimos; como castigados, mas no muertos;

2Co 6:10 como entristecidos, mas siempre gozosos; como pobres, mas enriqueciendo a muchos; como no teniendo nada, mas poseyéndolo todo.

La gente nos quisiera ver diferentes, gritando, llorando, quizás hasta maldiciendo; pero esto no viene de nosotros sino de Dios:

Php 4:7 Y la paz de Dios, que sobrepasa todo entendimiento, guardará vuestros corazones y vuestros pensamientos en Cristo Jesús.

Le doy gracias a mi Señor por haberme permitido sacar esas fuerzas de flaqueza y poder comprobar en carne propia, que cuando más débil soy en mi carne, soy más fuerte en el espíritu:

2Co 12:10 Por lo cual, por amor a Cristo me gozo en las debilidades, en afrentas, en necesidades, en persecuciones, en angustias; porque cuando soy débil, entonces soy fuerte.

"PORQUE CUANDO SOY DEBIL, ENTONCES SOY FUERTE"

Capítulo 2
LA BODA
LA ENTRADA NUPCIAL

POR TANTO, LO QUE DIOS JUNTO, NO LO SEPARE EL HOMBRE.
Marcos 10:9

Se llegó la hora de los preparativos para el funeral y visité por primera vez a la familia Cedillo. Conocer a Fernando y a Erika fue algo que nunca se me ocurrió hacer antes de todo esto. El ambiente que se movía, nos hacía sentir distanciados unos de los otros, lo único que nos unía en aquel momento era el dolor mutuo en las familias, Erika había preparado una mesa con muchas fotos de nuestros hijos, fotos que ni siquiera sabíamos que existían, allí nos mostró las cosas que Shantile había comprado para cuando se casaran, todo estaba listo en sus corazones para vivir unidos y felices, allí decidimos que íbamos a hacer un solo servicio y nos pusimos de acuerdo en el lugar donde iban a ser enterrados. Realmente no sé de donde saqué fuerzas para dar todas aquellas vueltas por que en todo había dolor, empezamos a buscar funerarias y fuimos a escoger una a la que mi German decía que tenía un color ridículo para ser funeraria, sin embargo la atención que nos dió Mr. Lorenzus (Lorenzu's Mortuary) confortó nuestros corazones, aquel hombre nos hizo sentir que en verdad sentía lo que había pasado con nuestros hijos y estuvo compartiendo con nosotros algunos testimonios de otros jóvenes que habían muerto en similares circunstancias, por un momento nos sacó del mundo que estábamos viviendo y en verdad tomamos la decisión correcta.

Volvimos a la casa y mi hermano René, como dije antes, se convirtió en mi sombra, cuando le avisé lo que había pasado, estuvo llorando, no queriendo aceptar aquella cruda realidad y desde aquel momento se vino para mi casa y estuvo conmigo hasta el final, Gloria me contó que había venido el hermano Fernando Sicairos y le había hablado del cuidado de Dios para con los hijos de los que le son fieles a EL y le narró la historia de Noé, quien fue el único que hallo gracia ante los ojos de Jehová, sin embargo fueron salvos su esposa y sus tres hijos con sus esposas y esto llenó de consuelo el corazón de mi esposa.

En un momento de cansancio me quedé dormido por un par de minutos y al abrir mis ojos no encontré a Gloria y pregunté por ella y nadie sabía donde estaba, entonces me fui caminando hacia la esquina de la cuadra y no la vi, ya preocupado apuré mis pasos para darle la vuelta a la cuadra y entonces la vi enfrente de una casa parada y mirando hacia arriba, luego se agachó para recoger algo, cuando llegué donde ella estaba, vi que en sus manos tenía varias hojas de aquel árbol que ella estaba observando, le pedí que no saliera sola y no le puse

13

importancia a las hojas que aún sostenía en sus manos. En su desesperación le seguía preguntando al Señor ¿Porqué? Su reclamo era que sus oraciones siempre habían sido para que cuidara a nuestro hijo y ¿porque te lo llevaste tan pronto? Observando aquel árbol se dio cuenta que arriba tenía hojas verdes, amarillas y secas y al mirar el suelo observó el mismo fenómeno: Hojas verdes, amarillas y secas, entonces escuchó la voz de Dios en su corazón que le dijo: "Ves, ni siquiera la hoja de un árbol se cae si no es mi voluntad, cuanto más la muerte de uno de mis hijos, todo está bajo mi control." Estos son los momentos en los que no sabemos que hacer, el Señor nos habla y nos dice que todo está bien, sin embargo hay un dolor en nuestra alma que nos dice todo lo contrario y aunque Dios está allí, el dolor causado por aquella espada que ha traspasado nuestra alma es mayor. EL está bajo control de todo…pero ¿Qué de mi dolor? ¿Qué de mi aflicción? ¿Es que acaso no le importa nuestro sufrimiento?

Recuerdo que cuando murió mi madre había experimentado por primera vez lo que es perder a un ser amado y aunque hubieron muchas preguntas en mi cabeza, había una realidad que me decía que sin importar como había sucedido, era normal, todo hijo está supuesto a enterrar a sus padres… pero hoy, todo era distinto. Meses antes en el programa del Dr. Dobson: "Enfoque a la Familia" había escuchado una de las historias de su libro "Cuando las cosas que Dios hace no tienen sentido" y un pastor narraba que su ministerio había sido el de sanidad y se quedó muy sorprendido cuando los doctores detectaron cáncer en una pierna de su hija, entonces el empezó a clamar y a clamar a Dios por un milagro, pero los doctores le dijeron que tenían que amputar la pierna, aquel pastor siguió clamando a Dios con todo su corazón y él estaba seguro que en el ultimo minuto Dios iba a hacer el milagro, se planeó la fecha para la operación pero él seguía clamando, con la seguridad y la fe que Dios lo iba a escuchar. La jovencita fue llevada al cuarto de operación y aquel pastor seguía clamando y clamando por su sanidad y de repente vio que el doctor abrió la puerta y se dirigió hacia él y cuando el pastor estaba a punto de decir: "Yo sabía que Dios me había escuchado", el Doctor le dijo: "La operación fue todo un éxito"…aquella noticia fue catastrófica…¿porqué has sanado a muchos con mis manos y no pudiste salvar la pierna de mi hija? ¿Donde queda el Dios que sana y hace milagros?...¿Que le digo ahora a mi congregación? Para colmo de males esa mismo día en la tarde escuché que el Pastor Scott Bauer de la Iglesia en el Camino, había colapsado, un día antes, mientras saludaba a la congregación y que se había ido con el Señor. Aquello me dejó desilusionado, realmente me sentí enojado con Dios. Ese día hablé con el Hno. Leo, un gran varón de Dios, y le manifesté lo mal que me sentía. La pregunta que se venía a mi mente era: ¿Porque Dios trata así a sus hijos? ¿Porque tenemos que padecer como cualquier otro? En aquel momento no podía entender lo que Dios es capaz de hacer. No sé ni como pasó pero llegó a mis manos un libro de C.S. Lewis: "Una Pena en Observación" y sus reflexiones detalladas y su lucha interna me hicieron recapacitar y me ayudaron a entender en parte por el proceso que Dios nos estaba llevando:

"(…) Los momentos en los que el alma no encierra más que un puro grito de auxilio deben ser precisamente aquellos en que Dios no puede socorrer… Igual que un hombre a punto de ahogarse al que nadie puede socorrer porque se aferra a quien lo intenta y le aprieta sin dejarle respiro. Es muy probable que nuestros propios gritos reiterados ensordezcan la voz que esperamos oir."

C.S. Lewis, Una pena en observación.

Aquellos días se nos hicieron largos pero al fin llegó el día del velorio, teniendo una florería mi Hno. Harris de Afganistán me pidió dejarlo hacer los arreglos florales, me fui temprano a la funeraria y empezaron a llegar amigos y hermanos de la iglesia, yo había llegado solo, de repente se abrieron las puertas y vi cuando los ataúdes de mis muchachos estaban siendo traídos hacia donde yo me encontraba, por un momento sentí que mi corazón se me iba a salir y tomando fuerzas de flaquezas llegué al ataúd de mi hijo, nunca me imaginé que yo iba a vivir aquello, sentí que colapsé, pero allí estaba la Hna. Mirian y su esposo César y me sostuvieron…volví en sí y empecé a contemplar la belleza de mi hijo, su rostro estaba impecable, parecía únicamente como si estaba dormido, en su rostro no había ni siquiera un gesto de aflicción, poco a poco me dirigí hacia donde estaba Shantile, parecía un angelito dormido, bella, preciosa, aun se podía observar un gesto de felicidad en su semblante, estaba tal como era, sin maquillaje, como diciéndole al diablo, me has quitado la vida pero no me pudiste quitar el gozo.

Días más tarde el Señor me hizo ver que aquello había sido la entrada nupcial de los novios. Por eso estaban bellos, vestidos de gala, porque habían llegados las bodas y así de bellos como se presentaron delante de Dios, ahora lo estaban haciendo delante de los hombres y Dios me permitió estar allí, para darle a Shantile, lo que tanto había esperado, a su amado esposo. Fue hasta entonces que entendí el porque el Señor me cubrió con su gloria, no había porque llorar, la fiesta había comenzado...

Pude ver como mucha gente empezó a llegar desde temprano, como si no querían perderse un momento de aquel evento y fue aquí donde pude ver el error que cometí como padre, me había dedicado por completo a la obra de Dios, mi vida había sido leer, estudiar, enseñar y siempre estaba envuelto en algo relacionado con la iglesia y aunque esto aparentemente estaba bien, me di cuenta que fue un error, porque allí, en ése lugar, empecé a conocer los amigos de mi hijo y a sus padres y lo más tremendo de todo es que algunos de esos padres estaban allí llorando y hablando todo lo bueno y lo nice que mi hijo había sido. Me sentí desilusionado conmigo mismo, ¿Como Gloria, conocía a aquellos muchachos que para mí ni siquiera existían?. En verdad creí que le había estado sirviendo a Dios, pero no fue así, porque esa primera iglesia que él me dio no la pude levantar, desde que acepté al Señor ya no hubo tiempo para mi hijo, ni para mi familia, todo fue iglesia y le doy gracias a Dios que aún con todo esto, mi hijo, siempre me amó.

Hermanos pastores o evangelistas o cualquiera que tenga un ministerio que el Señor le haya dado, no descuides tu primera iglesia, no descuides tu hogar y a tus hijos o tu esposa, vela por ellos porque se nos va a pedir cuenta y entonces no vamos a saber que decir. Estando allí con mi hijo me sentía como un extraño especialmente cuando llego una ancianita que estaba llorando y llorando y me acerque a ella y con mucha pena le pregunté si ella conocía a mi hijo, entonces me explicó que era el mejor amigo de su nieto Chris y que German siempre lo aconsejaba para que no se metiera en drogas o en pandillas y eso le había ayudado a su nieto a no tener problemas: "German siempre me lo cuidaba". Luego llegaron muchos jóvenes de High School entre ellos algunos muchachos americanos que se acercaron hasta mí para darme el pésame. Que error más grande el que cometí y lo triste es que ya no podía hacer nada al respecto, únicamente aceptar el hecho. Sin darme cuenta le había exigido a mi hijo el cambio que yo había experimentado y se me olvidó por completo los errores u horrores que yo había cometido toda mi vida, ahora quería santidad y en esa actitud lo perdí , desde mucho antes del accidente, en ocho años de cristiano, eché a perder una relación que tuvo que haber sido mejor. Creí que era un buen ejemplo para él…pero me equivoqué.

Muchos nos excusamos en que tenemos un "ministerio" y que tenemos que desarrollarlo, pero el primer ministerio que Dios nos da es nuestra familia y aunque mi relación con mi hijo fue buena, estoy consciente de que tuvo que haber sido mejor. Es triste que nuestros hijos lleguen a adultos y que no puedan borrar de sus mentes que su papá nunca tuvo tiempo para ellos, ni siquiera para comerse una hamburguesa juntos y todo por que "tenía" que estar en la casa de Dios. Por favor no esperes a que la tragedia toque tu vida para ver esta realidad, es cierto que el Señor te ha llamado para algo grande, pero eso grande empieza en tu hogar, con tu esposa y tus hijos. Solo mira cuantos hogares se han deshecho por querer llevar a cabo "un ministerio" dejando sola a la esposa y a los hijos, y de repente, se acaba todo, por no querer o saber escuchar a Dios. Ya no pongamos pretextos sino aceptemos esta realidad, veamos lo que dice la Escritura:

Eph 5:23 porque el marido es cabeza de la mujer, así como Cristo es cabeza de la iglesia, la cual es su cuerpo, y él es su Salvador.

Eph 5:25 Maridos, amad a vuestras mujeres, así como Cristo amó a la iglesia, y se entregó a sí mismo por ella,

Eph 5:26 para santificarla, habiéndola purificado en el lavamiento del agua por la palabra,

Eph 5:27 a fin de presentársela a sí mismo, una iglesia gloriosa, que no tuviese mancha ni arruga ni cosa semejante, sino que fuese santa y sin mancha.

Eph 5:28 Así también los maridos deben amar a sus mujeres como a sus mismos cuerpos. El que ama a su mujer, a sí mismo se ama.

Eph 5:31 Por esto dejará el hombre a su padre y a su madre, y se unirá a su mujer, y los dos serán una sola carne.

Eph 5:33 Por lo demás, cada uno de vosotros ame también a su mujer como a sí mismo; y la mujer respete a su marido.

Lee todo el pasaje y verás a lo que hemos sido llamados.

Capítulo tres
LA CEREMONIA

En el temor de Jehová está la fuerte confianza;
Y esperanza tendrán sus hijos.
Proverbios 14:26

No recuerdo hasta que hora estuve allí, ni tampoco de todos los que estuvieron, pero se llegó el momento de ir a recoger a Gloria y ella había pedido que cuando ella llegara, se cerrara el ataúd, al llegar al parking lot me pidieron que lo dejáramos abierto porque ya no lo verían más, Erika y Fernando habían ordenado cerrar el de Shantile temprano, ninguno de ellos estuvo allí para verlos y me sentí triste por ellos, porque allí hubieran podido contemplar lo que Dios hace cuando recibimos a su Hijo como nuestro salvador. En una de las venidas que mi hijo hizo de San Francisco, Shantile decidió quedarse a dormir en nuestra casa y esto me dio la oportunidad de hablarle acerca de nuestro Salvador, ella estuvo muy atenta y empezó a hacerme preguntas, porque ella no sabía nada acerca de la salvación. Pasamos horas hablando y al final le di un libro, con la esperanza de que lo leyera y aprendiera más acerca de nuestro Señor. ¿Qué la motivó a quedarse allí, aquella noche? El profeta Isaías dice:

Isa 55:6 Buscad a Jehová mientras puede ser hallado, llamadle en tanto que está cercano.

Isa 55:7 Deje el impío su camino, y el hombre inicuo sus pensamientos, y vuélvase a Jehová, el cual tendrá de él misericordia, y al Dios nuestro, el cual será amplio en perdonar.

Isa 55:8 Porque mis pensamientos no son vuestros pensamientos, ni vuestros caminos mis caminos, dijo Jehová.

Isa 55:9 Como son más altos los cielos que la tierra, así son mis caminos más altos que vuestros caminos, y mis pensamientos más que vuestros pensamientos.

Isa 55:10 Porque como desciende de los cielos la lluvia y la nieve, y no vuelve allá, sino que riega la tierra, y la hace germinar y producir, y da semilla al que siembra, y pan al que come,

Isa 55:11 así será mi palabra que sale de mi boca; no volverá a mí vacía, sino que hará lo que yo quiero, y será prosperada en aquello para que la envié.

Cerrar aquel ataúd causó gran conmoción y desde afuera podíamos escuchar el llanto de muchos de los presentes; al llegar a la entrada nos estaba esperando Jessica, la mejor amiga de Shantile, a ella no la conocíamos, ni ella a nosotros y alcancé a escuchar cuando dijo ¿Who is Herman's dad? Entonces nos presentamos con ella y dijo:" Sr German yo soy Jessica, la mejor amiga de Shantile y ella me dijo todo lo que usted le había hablado acerca del Señor, el día que se quedó a dormir en su casa y también me dijo que usted le había dado un libro, lo que le quiero decirle es que hace tres días, hablando por teléfono, Shantile aceptó al Señor como su Salvador". Aquellas palabras fueron como un bálsamo que llegó a nuestros corazones y empezamos a llorar en el parking lot, porque esto venía a ser la confirmación de la salvación de nuestros hijos, aquel llanto de dolor se convirtió en gozo y lo planeado para aquella noche tenía que continuar... cuando entramos a la capilla estaba completamente llena y a mucha gente le tocó quedarse de pie, me dio gozo ver a viejos amigos y familiares que tenía mucho tiempo sin ver.

No recuerdo en que momento hablé con el pastor Isaías Cabrera para que ministrara con la música y cuando se abrió el servicio pasé al frente y empezamos a alabar al Señor con cantos alegres, como si se tratara de un servicio normal o de una celebración especial y en verdad, eso era lo que estaba pasando. Los padres de Shantile estaban a mi derecha y se les hizo raro la manera como estábamos cantando y lo mismo estaba pasando con Gloria, ella esperaba otra clase de cantos y a la verdad, yo no sabía porque se vinieron aquellos cantos a mi mente, pero Dios quería dejar en claro que estábamos de bodas y que la ceremonia nupcial estaba a punto de comenzar.

Se llegó el momento de la ceremonia y nuestro pastor Manuel Montes pasó al frente para predicar lo que Dios había puesto en su corazón aquella noche, mi sobrino Sammy Blanco pasó al frente también para servir de intérprete y ante aquella multitud de hispanos y anglos el Señor le dió al hermano un mensaje que tituló: "¿Por qué Sufren los inocentes?" tomando de referencia el Libro de Job, aquellas palabras tocaron el corazón de muchos y nos trajo la convicción de que hay esperanza después del dolor, "allí estaban dos jóvenes que soñaban con tener un buen destino y sin embargo Dios les había preparado uno mejor." La pregunta del millón ¿por qué? No solo estaba en nuestros corazones sino en los labios de quienes estaban a nuestro alrededor y se vino a mi mente una palabra que se encuentra en uno de los libros apócrifos: Sabiduría 4:7-19

"El bueno, aunque muera antes de tiempo, tendrá descanso, pues la vejez que merece respeto no es la que dura mucho tiempo, ni se mide por el número de años.

El bueno agradó a Dios, y Dios lo amó; vivía entre pecadores, y Dios se lo llevó; lo arrebató para que el mal no pervirtiera su mente, para que el error no sedujera su alma, pues, como un hechizo, la maldad oscurece el bien y el vértigo de la pasión, pervierte al espíritu inocente.

Como su alma era agradable a Dios, Dios se apresuró a sacarlo de la maldad. La gente ve esto, pero no lo entiende; no comprende que aquellos a quienes Dios ha escogido gozan de su amor y su misericordia y que El vela por su pueblo santo.

El bueno que muere condena a los malos que todavía viven, y la juventud que pronto llega a la perfección condena a la prolongada vejez del malvado. La gente verá la muerte del sabio y no comprenderá lo que el Señor quería de él, ni porque lo puso en un lugar seguro. Lo mirar…"

La ceremonia llegó a su fin y los novios fueron dejados solos, ahora solo quedaba esperar el nuevo día, muchos familiares y amigos nos acompañaron a nuestra casa y entre risas y llanto nos dispusimos a descansar aunque sea por un rato, algunos de mis amigos se habían acercado a mí para pedirme que no fuera a tomar, ellos temían que yo volviera o me refugiara en el alcohol, nadie podía imaginarse lo que Dios había puesto en mi corazón, no era un gozo, como para estar carcajeándome, pero era una paz, una tranquilidad, una aceptación total de su voluntad, acerca de lo ocurrido y aunque esto me costó críticas, era algo que yo no podía cambiar, aquello no era mío, venía directamente del cielo. Unos meses atrás había sido la fiesta de graduación de Shantile y la manera de cómo se había vestido era exactamente como la de una novia lista para su desposorio y las fotos que se tomaron con mi hijo, fue un adelanto de cómo ellos se iban a presentar delante de Dios, con una vestidura blanca, sin manchas y sin arrugas. Que bendición para nuestros hijos, haber sido purificados, santificados y todo por la única razón de haber aceptado a Jesucristo como su Salvador.

PICTURE: "jpeg01"

Capítulo cuatro
LA CONSUMACION

Por tanto, dejará el hombre a su padre y a su madre, y se unirá a su mujer, y serán una sola carne...Gen 2:24

Aunque descansamos un rato aquella madrugada se volvió larga, gracias a Dios nunca estuvimos solos, la familia estuvo con nosotros en todo momento, mi hermano Raul y Su esposa Delia habían venido de San Francisco, lo mismo que mi sobrino Joe y su esposa Berta, además mi sobrina Katzya y un gran amigo de Joe: Mr. Ray, quien en un par meses aprendió a amar a mi hijo y le ofreció su casa para que se moviera allí, junto a Shantile, él hubiera querido estar con nosotros todo el tiempo, pero la impresión de lo ocurrido lo enfermó y estuvo en cama por un par de Días. Todos ellos se quedaron con nosotros, mi hijo había estado viviendo con ellos en los últimos meses de su vida en Windsor CA; en todo momento estuvimos recibiendo palabra de Dios y muchos hermanos seguían viniendo a nuestra casa, trayéndonos cosas que se necesitaban para la ocasión, a tal grado que nosotros ni nos acordamos que había que estar comprando alimentos o pan o café, todo lo proveyó el Señor por medio de los hermanos.

Días antes habíamos llegado a ver el lugar donde ellos quedarían y me llamó la atención un árbol de roble que se encontraba en una esquina y el cual iba a traer sombra sobre aquel lugar…mi mente voló atrás en el tiempo y recordé que una noche estuve leyendo en un libro de Max Lucado (CON RAZON LO LLAMAN SALVADOR; Cap. 1: Palabras Finales, Hechos Finales), la historia de su padre y su deseo de plantar un roble en lo que iba a ser su última morada terrenal, no sé porque razón esa noche lloré a mares, volví a leer la historia y pasó lo mismo, por medio de aquel libro Dios me estaba mostrando que algo similar iba a llegar a mi vida, con la diferencia de que en vez de mi padre iba a ser mi hijo. El pensamiento impactante de aquel capítulo: "Es mucho más fácil morir como Jesús sí has vivido como él durante toda tu vida", lo que reflejaba la calidad de vida que tuvo su padre, Lucado, a voluntad de su padre, tiene un testimonio de que él está allí y aquel roble de su padre ha venido a ser su roble, aquella noche, sin saberlo, Dios plantó aquel otro roble en mi corazón, para que ahora, sea mi roble.

Gloria había tenido un sueño en el cual Dios también la estaba preparando, mi mamá ya había partido con el Señor, pero ella la soñó que había venido a la casa y Gloria se sorprendió al verla, porque aún en el sueño ella sabía que ya había muerto, pero de repente se le quedó mirando y pudo ver como el rostro de mi mamá se iba poniendo triste, muy triste y se acercó a ella...pero no entró...solo la miró…entonces Gloria pudo sentir en su espíritu que ella le decía: "Gloria prepárese…porque algo muy triste viene a su vida". Se vienen a mi mente las palabras de mi amigo Cuberto Valle: "German, no se ponga triste, imagínese lo feliz que se puso su mamá al recibir a Germancín allá arriba", en verdad no había razón para estar triste…pero si la hay.

Llegamos a la funeraria temprano y en esta ocasión la familia de Shantile tomó control de lo que se llevó a cabo aquella mañana, mi sobrino Sammy sirvió de intérprete una vez más, y el único conocido entre nosotros que tuvo participación fue mi hermano Harris de Afganistán y él aprovechó la ocasión para hacer un llamado al arrepentimiento y volverse a Dios. Aquello terminó y nos dirigimos a la cámara nupcial, la cual iba a ser también la última morada. Una vez más mi pastor Manuel Montés tomó la palabra y también participé con algunas palabras, de las cuales no recuerdo nada. Aquel momento representaba el último adiós aquí en la tierra, pero también representaba la culminación de aquella boda que había iniciado desde el momento en que nuestros muchachos se conocieron y la Escritura nos dice:

Mat 19:5 y dijo: Por esto el hombre dejará padre y madre, y se unirá a su mujer, y los dos serán una sola carne?

Mat 19:6 Así que no son ya más dos, sino una sola carne; por tanto, lo que Dios juntó, no lo separe el hombre.

"Dios había planeado este evento desde la eternidad" aunque realmente no lo entendíamos, no había razón para hacerlo, solo a Dios se le podía haber ocurrido algo tan singular, así que aquel día German y Shantile se unieron para siempre y fueron sepultados en una sola tumba, German abajo, como sosteniendo o cargando a su amada hacia su cámara nupcial, ella arriba, para ser presentada delante del Padre como la esposa amada. Esta fue la razón por la cual ambos lucían bellos, serenos, sonrientes, nada ni nadie iba a poder parar su ceremonia.

En el momento de estar siendo plantados, mi hermano Raul se sacó su anillo y empezó a buscar otro para que los dos llevaran su anillo de compromiso, mi sobrino Joe lo vió y le dijo: "Yo sé lo que está pensando Dad, pero no traigo el mío conmigo"… ya no había necesidad de anillos, la boda había sido consumada: "Porque polvo eres y en polvo te convertirás…entonces serán una sola carne". Hoy en su placa podemos leer:

¿Quien pudo haberse imaginado que aquellos jovencitos quedarían juntos para siempre? Sin lugar a dudas es una novela cuyo escritor es Dios, a nadie se le puede ocurrir algo así. Ahora ¿Cuál es el mensaje que nuestro Señor tiene para nosotros, para ti que estás leyendo este libro? ¿Puedes ver su amor en este relato? Por supuesto que lo vemos, no hay cosa más grande en esta vida que tener la seguridad de la vida eterna y en este caso vemos que aquella unión vino de parte de Dios, pero EL no los quería aquí, EL los quería en su presencia para siempre. Ya no pensemos en nosotros sino en lo que Dios hizo por nosotros en la cruz y a la vez en lo que ha hecho con ellos al llevárselos consigo.

Este fue el inicio de un nuevo período para nuestras vidas, ellos terminaron su carrera a la manera como lo habían soñado o como lo habían planeado, ahora nosotros teníamos que aprender a vivir de nuevo. El resto de aquel día fue horrible, había mucho ruido a nuestro alrededor, pero el silencio era mucho mayor. La Biblia nos dice en el libro de Apocalipsis que se hizo silencio en el cielo como por media hora y se vino a mi mente aquello de ¿Hará ruido un árbol cuando cae y no hay quien lo escuche? Estaba en medio de aquel bullicio pero en verdad no escuchaba nada. Aquí pude entender al que toma licor cuando ha perdido a un ser amado, por no conocer a Dios, buscan un escape, una salida, que los haga olvidar aunque sea por un momento; nosotros nos habíamos embriagado en el Espíritu y aún así sentíamos como que no era suficiente y lo más tremendo de todo era que "teníamos que seguir viviendo" y esta era una verdad que teníamos que enfrentar.

Confiando en la fortaleza que da el Señor visitamos a Fernando y a Erika para darles aliento y para hacerles ver que Dios está en control de todo, aunque las cosas que EL haga no tengan sentido. Ninguno de ellos conocían acerca de Dios y cuando Gloria les dijo que Shantile era salva, ellos en realidad no entendieron lo que estábamos hablando, sin embargo Erika recordaba que ella le había dicho "algo acerca de Dios" pero no la había entendido. En aquella visita pudimos apreciar que el dolor era el mismo, pero la esperanza era distinta. La confesión de Shantile, tres días antes del accidente, nos daba la seguridad de donde se encontraba, nadie estuvo con nosotros aquella noche que le compartí el Evangelio y sí su mejor amiga nos lo había dicho, no teníamos la menor duda de la salvación de ellos. Estuvimos con aquella familia por un buen rato y pudimos ver que su dolor era más intenso que el nuestro porque el único refugio que tenían era entre ellos mismos, los dos habíamos perdido lo mismo pero había algo que nos hacía sentir que ellos necesitaban más que nosotros, allí mismo nos hizo ver Dios que no estábamos solos.

Mi mente se fue lejos, pensando en aquellos que pierden a un ser querido y se ven en la angustia de no saber a donde se fueron, escucharon un sermón o se les dijo que tenían que hacer servicios para que el alma del difunto fuese mandada a la presencia de Dios, sin embargo algo en su interior les dice que no es así y por mas que quieran refugiarse en aquellas últimas palabras, en su corazón queda aquella duda, aquella duda que tarde o temprano los va a llevar a la verdad.

Mi hermana Gladis tuvo un sueño o visión en el cual se encontraba postrada delante de Dios orando y de repente el Señor la transportó a una marcha y el Señor le dijo: Abre tus ojos, entonces pudo ver que German y Shantile iban caminando en medio de un vallado de ángeles e iban vestidos con una ropa que con la que ella nunca había visto a German, entonces ella le preguntó a uno de los que estaban en la valla ¿Qué clase de vestidura son esas? Entonces el ángel le contestó: "esos… Son Mantos de Justicia". En aquel momento hubiéramos querido abrir la Biblia y buscar donde se encontraban esos "mantos" pero no pudimos hacerlo, sin embargo buscamos aquella escritura, en cual reza:

Isa. 61:10

"EN GRAN MANERA ME GOZARE EN JEHOVA, MI ALMA SE ALEGRARA EN MI DIOS; PORQUE ME VISTIO CON VESTIDURAS DE SALVACION, ME RODEO DE MANTOS DE JUSTICIA, COMO A NOVIO ME ATAVIO, Y COMO A NOVIA ADORNADA CON SUS JOYAS."

Esta es la esperanza que tenemos, que hay un Dios Todopoderoso que toma control de nosotros aún después de nuestra muerte física o terrenal, cerramos nuestros ojos aquí y los abrimos en su presencia. Aquel relato trajo paz a nuestro corazón y aún en el dolor, el Señor nos transporta a su presencia para hacernos olvidar, aunque sea por segundos, lo horrible de la pena. Aquella Escritura nos vino del cielo. Somos muchos los que hemos pasado por la misma situación y algunas veces nos preguntamos ¿Por qué yo que le sirvo a Dios y lo amo tengo que pasar por algo así? sin embargo el dolor de los que no conocen a Dios, nos hacen ver que es una bendición el tener a Jesús de nuestro lado, en el Salmos 116:15 dice: "Estimada es a los ojos de Jehová la muerte de sus santos". León Tolstoy escribió:

"El hombre no puede ser señor de nada, mientras teme a la muerte. Al que ya no teme a la muerte, todo le pertenece".

¿Por qué temerle a la muerte si ésta viene de Dios?. Ahora, Dios es nuestro.

Capítulo cinco
EMPEZANDO DE NUEVO

He aquí, aunque él me matare, en él esperaré;
No obstante, defenderé delante de él mis caminos
Job 13:15

Por más que un padre ame a su hijo no se puede comparar al amor de una madre y es ese mismo amor el que hace más grande el dolor, teóricamente habíamos entendido el Libro de Job de una manera correcta, pero vivirlo, es algo muy diferente. Años atrás, sin ser cristiano había leído parte de este libro y sentí en mi corazón que lo allí escrito me ayudó a ser una persona un tanto paciente y no tomar decisiones a la carrera. Cuando llegué al Señor y lo leí en su totalidad, me di cuenta de la gema que tenía entre mis manos y de la gran realidad que tenemos que enfrentar como pueblo de Dios y que la paciencia no es su tema principal. En el libro apócrifo de Eclesiástico 2: 1-6 dice:

"Hijo mío, si tratas de servir al Señor, prepárate para la prueba.

Fortalece tu voluntad y sé valiente, para no acobardarte cuando llegue la calamidad.

Aférrate al Señor, y no te apartes de él; así, al final tendrás prosperidad.

Acepta todo lo que te venga y sé paciente si la vida te trae sufrimientos.

Porque el valor del oro se prueba en el fuego, y el valor de los hombres en el horno del sufrimiento. Confía en Dios y el te ayudará; procede rectamente y espera en él."

Palabras fácil de decir y de leer, pero nada fácil de vivir, aquí está resumida la vida del cristiano. Escuché al pastor Charles R Swindoll hablar acerca de Job y pude sentir que lo estaba diciendo de corazón, porque sus lágrimas no lo dejaban hablar, agradeciéndole a Dios que él no había pasado por nada de esto. Para mi esposa este golpe fue desgarrador y quiero compartir lo que ella escribió acerca de aquella experiencia:

"Después que pasó lo de Chito (Germancito) quedé completamente destrozada, el Señor se había llevado, me había quitado lo que más amaba mi alma, sentía como si me había arrancado el corazón sin ninguna lástima, sin siquiera usar anestesia, sin una gota de piedad o misericordia; aquellos fueron días de angustia, de desesperación; ni siquiera me podía dirigir a mi Señor porque lo culpaba de todo nuestro dolor, ni siquiera sentía ánimo para abrir la Biblia, pero poco a poco el Señor me dio fuerzas para irme acercando a EL, día tras día, traía a mi mente las bendiciones y experiencias espirituales que había tenido en mi caminar con EL. Nueve días antes de la tragedia se me había dicho que para el próximo año sería Diaconisa de la iglesia y seis días antes habíamos tenido una vigilia con los jóvenes, en la cual el Señor ungió todo mi cuerpo con aceite, como sanando de antemano, las heridas de mi alma que estaban por abrirse. Ese día salimos todos juntos, pero en diferentes carros y al regreso se les paró el carro a medio freeway y al apartarse a la orilla, venía manejando un borracho y drogado a más de cien millas por hora y los mató instantáneamente. No me quisiera acordar de ese momento pero es imposible que no lo recuerde, porque está escrito con letras de sangre en mi corazón. Mi felicidad será completa el día que lo vuelva a ver y que podamos estar reunidos todos en familia por la eternidad.

Desde ese día sentí que no era la misma, el deseo más grande de mi corazón era morirme, deseaba que me pasara algo en el freeway o en cualquier lugar; ya no era aquella mujer fuerte en el Señor, por ratos pensaba que ni siquiera había conocido al Señor, que mi vida había sido un sueño. Pero fue aquí donde EL se me mostró y me hizo ver que en todas las experiencias que me había permitido vivir había un propósito. Aquí me mostró que tenemos esperanza después del dolor, hay algo más glorioso esperando por nosotros y ya no habrá mas llanto ni tristeza sino alegría y gozo.

Como una ironía de parte de Dios, las hermanas me nombraron líder de Oración y Ayuno y de la manera como yo estaba no me sentía capaz de poder llevar este cargo, entonces el Señor puso en el corazón de mi esposo un ayuno de cuarenta días para que nos diera fortaleza, en esos días mi hermana Marleny Muñoz me dio un CD con coritos alegres, "para que ya no esté triste", me dijo y aquí encontré "La Historia del Aguila", de cómo ésta se rejuvenece en cuarenta días y esta fue la confirmación que andaba buscando. Nos llevamos una gran sorpresa al saber que muchos hermanos se nos unieron en el ayuno y el día que lo entregamos Dios puso en mi corazón preparar algo rico para comer, entonces tomé cien dólares y me los gasté en comida y todo estuvo delicioso. Al siguiente día iba caminando por un parking lot y veo en el suelo un billete de cien dólares, lo levanté y lo revisé para ver si era bueno y vi que era bueno, en ese momento el Señor me habla y me dice: "Aquí está lo que me diste ayer, cien dólares me diste, cien dólares te doy y así como me diste a tu hijo, así te lo voy a regresar". Aquellas palabras me hicieron volver en sí y sentí la mano del Señor moviéndose en todo su resplandor, no tuve valor de decirle nada, pero mi corazón se lleno de gozo al escuchar sus palabras: "Así como me diste a tu hijo, así te lo voy a regresar", en un momento pude ver que Dios estaba en todo y tomé la posición que me asignaron con todo mi corazón.

Son muchas las experiencias o confirmaciones que Dios nos dio en ese período de nuestras vidas y fueron éstas las que nos hicieron entender en carne propia Ro 8:28 :

" Y sabemos que a los que aman a Dios, todas las cosas les ayudan a bien, esto es, a los que conforme a su propósito son llamados".

No era casualidad el deseo de servirle a Dios con todo nuestro corazón, no lo era, la sed de estudiar más su Palabra e ir a un Instituto Bíblico, no lo era el deseo de enseñar y predicar su Palabra; todo ayuda a bien, aunque no nos guste o no lo queramos, porque ¿Quién va a querer pagar un precio tan grande por servirle a EL? Por amarlo a EL. Algunas veces hasta molesta el escuchar predicadores que hablan de la "gran recompensa" recibida por Job a causa de su fidelidad:

"Y quitó Jehová la aflicción de Job, cuando él hubo orado por sus amigos; y aumentó al doble todas las cosas que habían sido de Job.

Y vinieron a él todos sus hermanos y todas sus hermanas, y todos los que antes le habían conocido, y comieron con él pan en su casa, y se condolieron de él, y le consolaron de todo aquel mal que Jehová había traído sobre él; y cada uno de ellos le dio una pieza de dinero y un anillo de oro.

Y bendijo Jehová el postrer estado de Job más que el primero; porque tuvo catorce mil ovejas, seis mil camellos, mil yuntas de bueyes y mil asnas.

Y tuvo siete hijos y tres hijas."

Job 42: 10-13

¿Pudo acaso Job recibir de regreso a sus hijos?, ¿Pudieron los otros llenar el vacío que dejaron los primeros?. Definitivamente NO, ni casas, ni propiedades, ni dinero podrán sustituir la pérdida de un hijo o de una esposa o esposo que se ama; la Biblia no nos habla de esos momentos de Job, C.S. Lewis no nos lo habla directamente, pero sus escritos nos hacen ver que quedó un vacío en su alma y que sino hubiera conocido a Dios, nada ni nadie lo hubiera podido llenar y gracias a esos escritos nos hemos podido consolar con respecto al dolor.

Ya habían pasado un par de semanas cuando mi esposa recibe una llamada desde Texas de parte de los hermanos Gaspar, ellos no sabían nada de lo ocurrido y el hermano Eduardo le preguntó a mi esposa por mí, porque el Señor le había dado un sueño unas semanas atrás, pero que no me había podido llamar, me veía él muy triste caminando en el parqueo de la iglesia y de repente escuchó la voz del Señor que le dijo:

" Dile a mi hijo que no esté triste; porque él ya pagó su sentencia aquí en la tierra y ahora va camino a su Salvador "

Entonces Gloria le preguntó: Hno. Gaspar ¿Usted sabe lo que pasó con nuestro hijo? Su respuesta fue: "No", entonces ella le contó lo ocurrido, aquel anciano empezó a llorar y se culpaba por no habernos hablado antes, porque su sueño fue mucho antes de que pasara el accidente. Experiencias como estas se repetían a cada rato, uno se queda sorprendido de cuantas personas lo llegan a conocer y a consolar cuando se le sirve a Dios.

Aquellos días fueron los peores días que me ha tocado vivir, acababa de perder a mi hijo y ahora delante de mis ojos estaba perdiendo a mi esposa, aún con toda la palabra recibida y todas sus experiencias vividas, se estaba muriendo en vida. Yo despertaba a cada rato y me daba cuenta que ella no había dormido nada, permanecía sentada, recostada en el respaldar de la cama con los ojos abiertos, como si estuviera esperando algo o a alguien. Siempre le decía: "Glori por favor, aún tienes por quien vivir, no puedes pasar así toda tu vida, por favor, trata de dormir", realmente no recuerdo cuanto tiempo duró aquella situación pero a mí se me hicieron años. Le pedía al Señor que cambiara aquello porque en verdad nos estaba afectando demasiado.

Para calmar un poco la situación nos cambiamos de casa y nos fuimos a vivir cerca de sus hermanas. En su corazón ella le pedía al Señor que le diera la oportunidad de hablar con Chito y esto lo mantuvo en secreto porque no quería que nadie se diera cuenta, hasta que el señor escuchó y atendió su petición. Veía ella que habíamos llegado a la Escuela Dominical y exactamente en los asientos que nosotros nos sentábamos estaba German, ella se llenó de gozo, pero a la vez sabía que aquello no podía ser, ella estaba consciente de todo, he aquí lo que escribió:

"Me levanté como a las tres de la mañana, triste, llorando y fui al baño, no sabía si acostarme o no, pero al final terminé en la cama y al cerrar los ojos me veo entrando a la Escuela Dominical y ¿Cuál fue mi sorpresa? Que allí encuentro a mi hijo sentado y al verme me dijo: "He venido por un momento pero me tengo que regresar" y usted Mom ¿Cómo está? Ay... mi hijo si supieras como te hemos llorado, entonces me dijo: Pero ¿Por qué? Si yo no estoy muerto, estoy vivo, míreme. Pero ¿Qué pasó en el accidente? Le pregunté, su respuesta fue clara: No lo sé Mom, solo que de un momento a otro me encontraba caminando por otras calles, por un lugar bello. ¿Qué pasó con Shantele? Le pregunté y me dijo que ella estaba bien, que estaba con él".

Probablemente estés pensando que mi esposa se volvió loca y cuando ella se atrevió a dar este testimonio en nuestra iglesia, no faltó quien pensara y hasta dijera que ella se había vuelto loca, y la verdad es que eso pasó, se volvió loca, pero para el Señor, si ella había llegado a amar a Jesús con todas sus fuerzas, ahora lo llegó a amar con toda su alma, con todo su corazón, con todo su ser, de un día para otro el Señor sanó aquella herida que la traía atormentada y yo pude ver el cambio que Dios hizo en ella. Ya nuestras vidas nunca iban a ser igual, "ahora estábamos marcados para siempre, pero aquella marca nos hizo quedarnos estampados en el corazón de Dios" y ahora nada ni nadie nos iba a parar de hablar de las cosas incomprensibles de Dios, las cosas que él hace y que aparentemente no tienen sentido. ¿ como él pudo dar su Hijo por nosotros que no valemos nada? ¿Cómo él pudo sufrir con su Hijo ese castigo cruel y horrendo, únicamente para salvarnos? Aquel sueño-revelación vino a llenarnos de nuevo y a prepararnos a recibir todo lo que él quiera darnos y aunque el dolor sigue plasmado en nuestros corazones, su amor es mucho más grande y capaz de llenarlo todo. Nada está perdido, en él, somos más que vencedores.

Nos dedicamos de nuevo a servirle al Señor con todo nuestro corazón, aquel deseo de morirnos se fue quedando atrás y por el contrario empezamos a compartir con muchas familias por lo que habíamos pasado, sin embargo tomamos la decisión de darle otro giro a nuestras vidas y fue entonces que nos movimos a Palmdale, con el único propósito de abrir obra en este lugar y lo anunciamos a la iglesia, sin embargo a solo un mes de movernos para acá, el diablo quiso terminar con nuestras vidas. Un domingo en la mañana nos dirigíamos a la Escuela Dominical y en una intercesión, el vehículo que venía adelante de nosotros golpeó una pieza de metal que se vino directamente al parabrisas, en cuestión de milésimas de segundo logré mover un poco el volante y aquella varilla cortó por completo el espejo que estaba al lado de Gloria, aquí pude entender que el enemigo quería callarnos, pero también vimos que el ángel del Señor acampa alrededor de los que aman a Dios y los defiende, ya nada iba a pararnos y vimos claramente que mayor es el que está en nosotros que el que está en el mundo.

Ese día en la iglesia todos pudieron ver el milagro que Dios había hecho con nosotros y también pudieron ver que habíamos sido escogidos para algo, dos semanas más tarde nos estábamos despidiendo de "Nueva Vida en Cristo" y moviéndonos al Valle del Antelope para empezar obra y aunque no fue fácil, fundamos una iglesia que hasta el día de hoy se encuentra en pie. El enemigo quiso parar la obra del Señor, mas vimos cumplida la palabra: "Ni las puertas del Hades prevalecerán contra ella"(Mt 16:18b). Aunque suene un poco duro, llegamos a la conclusión de que ya no era tiempo para llorar y empezamos a trabajar en nuestro ministerio: "Un ministerio de consolación y esperanza" por que son muchas las personas que han venido a nosotros sin deseos de seguir viviendo y Dios los ha consolado y les ha hecho ver que hay esperanza después del dolor. La vida no termina aquí, al contrario, es aquí donde empieza, por que ahora vamos a vivir en el propósito de Dios, sin importar que lo entendamos o no, por que esa es la promesa para los que le amamos. Nada está perdido…caminemos de nuevo.

Capítulo seis
MARCADOS

De aquí en adelante nadie me cause molestias; porque yo traigo en mi cuerpo las marcas del Señor Jesús. Gal 6:17

Cuando estudiamos la historia de la iglesia nos damos cuenta que miles de fieles siguieron a cabalidad el ejemplo que nos dejó el apóstol Pablo en su larga y sufrida travesía de su ministerio y al igual que él, sufrieron y murieron alabando al Señor, cumpliendo de todo corazón lo que el Cristo resucitado había dicho: "Y seréis mis mártires en Jerusalén, en toda Judea, en Samaria, y hasta lo último de la tierra" (Hechos 1:8), todos habían sido marcados por un destino y un ministerio: "El sufrimiento de nuestro Señor Jesús." Y son estas palabras las que sirven de aliento a quienes sirviéndole a Dios hemos pasado por una situación dura que nos deja marcados para el resto de nuestras vidas. Muchas veces nos lanzamos contra nuestro Creador cuando la tragedia toca a nuestra puerta y olvidamos por completo todo lo que EL padeció y sufrió por nosotros.

Pablo se sentía merecedor de cualquier sufrimiento que pudiese llegar a su vida, por lo cruel y terrible que él había sido al perseguir la iglesia; sin embargo para nosotros, es duro aceptar que Dios nos haga pasar algo, aún cuando en el pasado hicimos cosas que no le agradaron y que lo ofendieron, entonces exigimos justicia y por lo general terminamos diciendo: "¿Por qué a mí? ¿Por qué Señor?" Y aunque es una reacción natural de nuestra naturaleza humana, se nos olvida que EL está en control de todo. ¿Se imagina cual hubiera sido la reacción de Job si hubiera leído su propia historia?...

¿No has considerado a mi siervo Job, que no hay otro como él en la tierra, varón perfecto y recto, temeroso de Dios y apartado del mal? (Job 1:8).

Dios lo marcó para dejarnos un ejemplo de cómo debemos de confiar en EL y poder alabarlo y engrandecer su nombre aún en las circunstancias más duras e inexplicables que podamos atravesar:

"DESNUDO SALI DEL VIENTRE DE MI MADRE, Y DESNUDO VOLVERE ALLA. JEHOVA DIO, Y JEHOVA QUITO; SEA EL NOMBRE DE JEHOVA BENDITO"

Job 1:21

En medio de su enfermedad y los insultos de su esposa:

"¿Aún retienes tu integridad? Maldice a Dios, y muérete." Job se mantiene fiel y responde como todo siervo de Dios debería de hacerlo:

"Como suele hablar cualquiera de las mujeres fatuas has hablado. ¿QUE? ¿RECIBIREMOS DE DIOS EL BIEN, Y EL MAL NO LO RECIBIREMOS?"

Job 2:9-10

No es fácil entender estas palabras y aunque Dios nos permitió vivir nuestra propia "Historia de Job" para su gloria, todavía quedan muchas cosas que nunca vamos a lograr entender, aun sabiendo que todas las cosas ayudan para bien a los que aman a Dios. La enseñanza gloriosa de este libro es que Job le dio toda la gloria a Dios sin saber que todo era parte de su plan. ¿Necesitaba el Señor mostrarle a satanás que tenía un hombre que lo adoraba incondicionalmente? La verdad es que no…pero lo hizo.

Veamos cuanto tiempo esperó Abraham para que se cumpliese la promesa del nacimiento de su hijo Isaac, su heredero, de quien Dios le había dicho que su descendencia sería como la arena del mar o las estrellas de los cielos que no se pueden contar, y cuando parecía que todo iba bien, "probó Dios a Abraham, y le dijo:

Abraham. Y el respondió: Heme aquí.

Y dijo: Toma ahora tu hijo, tu único, Isaac, a quien amas, y vete a tierra de Moriah, y ofrécelo allí en holocausto sobre uno de los montes que yo te diré". (Gen 22:1b-2).

¿Qué se habrá venido a la mente de aquel hombre? La Biblia no menciona que Abraham protestara o que tratara de salvar a su hijo como lo había hecho con Sodoma y Gomorra, aceptó lo que Dios le había dicho, porque había sido sellado para dejarnos un ejemplo de lo que es la verdadera adoración y la fe:

"Entonces dijo Abraham a sus siervos: Esperad aquí con el asno, Y YO Y EL MUCHACHO IREMOS HASTA ALLI Y ADORAREMOS, Y VOLVEREMOS A VOSOTROS" Gen 22:5

Todo sacrificio que se ofrecía a Jehová era un acto de adoración y Abraham sobrepasa todos los límites del pensamiento humano al colocar a su hijo sobre el altar y tratar de degollarlo, mostrándole así al Señor que su amor hacia EL no tenía fronteras. Escuché decir a un predicador claramente que el amor de Abraham a su hijo había venido a ser un estorbo con su relación con Dios y que fue necesario que el Señor lo encarrilara de nuevo para cumplir todo lo que le había prometido; en el Nuevo Testamento tenemos las palabras de Jesús: " El que ama a padre o madre más que a mí, no es digno de mí; el que ama a hija o hijo más que a mí, no es digno de mí;" (Mt 10:37). La pregunta a hacernos es ¿Puede el amor hacia un hijo llevarnos a ser probados o aborrecidos por Dios?.. Abraham esperó hasta el último segundo y entonces oyó la voz de Dios:

Gen 22:6 Y tomó Abraham la leña del holocausto, y la puso sobre Isaac su hijo, y él tomó en su mano el fuego y el cuchillo; y fueron ambos juntos.

Entonces habló Isaac a Abraham su padre, y dijo: Padre mío. Y él respondió: Heme aquí, mi hijo. Y él dijo: He aquí el fuego y la leña; mas ¿dónde está el cordero para el holocausto?

Y respondió Abraham: Dios se proveerá de cordero para el holocausto, hijo mío. E iban juntos.

Y cuando llegaron al lugar que Dios le había dicho, edificó allí Abraham un altar, y compuso la leña, y ató a Isaac su hijo, y lo puso en el altar sobre la leña.

Y extendió Abraham su mano y tomó el cuchillo para degollar a su hijo.

Entonces el ángel de Jehová le dio voces desde el cielo, y dijo: Abraham, Abraham. Y él respondió: Heme aquí.

Gen 22:12 Y dijo: No extiendas tu mano sobre el muchacho, ni le hagas nada; porque ya conozco que temes a Dios, por cuanto no me rehusaste tu hijo, tu único.

¿A dónde llevó este acto de adoración a Dios? Era fácil pensar y decir: Si Abraham me ofreció con todo su amor a su hijo, ¿como no me va a ofrecer mi pueblo, si les pido que sacrifiquen un animalito sin defectos para mí? Mas sin embargo el profeta Malaquías nos dice que aquel pueblo ingrato empezó a llevar lo peor de sus animales para ser sacrificados delante de Jehová y la voz de Dios se levanta y les dice:

Mal 1:6 El hijo honra al padre, y el siervo a su señor. Si, pues, soy yo padre, ¿dónde está mi honra? y si soy señor, ¿dónde está mi temor? dice Jehová de los ejércitos a vosotros, oh sacerdotes, que menospreciáis mi nombre. Y decís: ¿En qué hemos menospreciado tu nombre?

Mal 1:7 En que ofrecéis sobre mi altar pan inmundo. Y dijisteis: ¿En qué te hemos deshonrado? En que pensáis que la mesa de Jehová es despreciable.

Mal 1:8 Y cuando ofrecéis el animal ciego para el sacrificio, ¿no es malo? Asimismo cuando ofrecéis el cojo o el enfermo, ¿no es malo? Preséntalo, pues, a tu príncipe; ¿acaso se agradará de ti, o le serás acepto? dice Jehová de los ejércitos.

Mal 1:14 Maldito el que engaña, el que teniendo machos en su rebaño, promete, y sacrifica a Jehová lo dañado. Porque yo soy Gran Rey, dice Jehová de los ejércitos, y mi nombre es temible entre las naciones.

Aquí podemos ver que el acto de Abraham no tiene comparación y nos deja un ejemplo bien marcado de lo que es tener fe en nuestro Creador y esa fe lo llevó a creer que aún sacrificando a su hijo Dios se lo devolvería sano y salvo:

Heb 11:17 Por la fe Abraham, cuando fue probado, ofreció a Isaac; y el que había recibido las promesas ofrecía su unigénito,

Heb 11:18 habiéndosele dicho: En Isaac te será llamada descendencia;[(L)]

Heb 11:19 pensando que Dios es poderoso para levantar aun de entre los muertos, de donde, en sentido figurado, también le volvió a recibir.

Cuantos ejemplos mas que se podrían dar de los "marcados" por Dios; pero hay uno que en realidad nos deja pensando mucho, principalmente porque se trata de un desconocido, de alguien que ni siquiera se menciona su nombre y la historia se encuentra en el primer Libro de Reyes Cap. 13: Se trata de un joven profeta que le lleva un mensaje al rey Jeroboam:

He aquí que un varón de Dios por palabra de Jehová vino de Judá a Bet-el; y estando Jeroboam junto al altar para quemar incienso,

1Re 13:2 aquél clamó contra el altar por palabra de Jehová y dijo: Altar, altar, así ha dicho Jehová: He aquí que a la casa de David nacerá un hijo llamado Josías, el cual sacrificará sobre ti a los sacerdotes de los lugares altos que queman sobre ti incienso, y sobre ti quemarán huesos de hombres.

13:3 Y aquel mismo día dio una señal, diciendo: Esta es la señal de que Jehová ha hablado: he aquí que el altar se quebrará, y la ceniza que sobre él está se derramará.

13:4 Cuando el rey Jeroboam oyó la palabra del varón de Dios, que había clamado contra el altar de Bet-el, extendiendo su mano desde el altar, dijo: !!Prendedle! Mas la mano que había extendido contra él, se le secó, y no la pudo enderezar.

13:5 Y el altar se rompió, y se derramó la ceniza del altar, conforme a la señal que el varón de Dios había dado por palabra de Jehová.

13:6 Entonces respondiendo el rey, dijo al varón de Dios: Te pido que ruegues ante la presencia de Jehová tu Dios, y ores por mí, para que mi mano me sea restaurada. Y el varón de Dios oró a Jehová, y la mano del rey se le restauró, y quedó como era antes.

13:7 Y el rey dijo al varón de Dios: Ven conmigo a casa, y comerás, y yo te daré un presente.

13:8 Pero el varón de Dios dijo al rey: Aunque me dieras la mitad de tu casa, no iría contigo, ni comería pan ni bebería agua en este lugar.

13:9 Porque así me está ordenado por palabra de Jehová, diciendo: No comas pan, ni bebas agua, ni regreses por el camino que fueres.

13:10 Regresó, pues, por otro camino, y no volvió por el camino por donde había venido a Bet-el.

Todo está bien hasta aquí, aquel profeta joven da su mensaje y se regresa por otro camino para obedecer en todo a Jehová y es aquí donde sucede lo difícil de entender y que nos hace ver que aquel profeta había sido marcado para mostrarnos la consecuencia de no obedecer a Dios, aún cuando las cosas parezcan venir de El . Aquí en Betel moraba un viejo profeta, a quien sus hijos le contaron todo lo que había acontecido ese día en el templo, después de escucharlos les preguntó: ¿Por qué camino se fue el profeta? Sus hijos le mostraron el camino por el que se había ido, entonces encontró al joven profeta descansando bajo la sombra de un árbol y le dijo: Ven conmigo a mi casa para que comas pan; mas aquel le respondió lo mismo que le había dicho al rey Jeroboam:

13:16 Mas él respondió: No podré volver contigo, ni iré contigo, ni tampoco comeré pan ni beberé agua contigo en este lugar.

13:17 Porque por palabra de Dios me ha sido dicho: No comas pan ni bebas agua allí, ni regreses por el camino por donde fueres.

Aquí encontramos lo inverosímil del relato

13:18 Y el otro le dijo, mintiéndole: Yo también soy profeta como tú, y un ángel me ha hablado por palabra de Jehová, diciendo: Tráele contigo a tu casa, para que coma pan y beba agua.

Haciendo uso de la mentira el viejo profeta engaña al joven y lo hace volver y comer en su casa, ¿Por qué hace esto el viejo profeta? ¿Cuál fue su intención? ¿Lo habrá mandado Dios? y después de haber comido y bebido se promulga la palabra de Jehová:

13:21 Y clamó al varón de Dios que había venido de Judá, diciendo: Así dijo Jehová: Por cuanto has sido rebelde al mandato de Jehová, y no guardaste el mandamiento que Jehová tu Dios te había prescrito,

13:22 sino que volviste, y comiste pan y bebiste agua en el lugar donde Jehová te había dicho que no comieses pan ni bebieses agua, no entrará tu cuerpo en el sepulcro de tus padres.

13:24 Y yéndose, le topó un león en el camino, y le mató; y su cuerpo estaba echado en el camino, y el asno junto a él, y el león también junto al cuerpo.

13:25 Y he aquí unos que pasaban, y vieron el cuerpo que estaba echado en el camino, y el león que estaba junto al cuerpo; y vinieron y lo dijeron en la ciudad donde el viejo profeta habitaba.

13:26 Oyéndolo el profeta que le había hecho volver del camino, dijo: El varón de Dios es, que fue rebelde al mandato de Jehová; por tanto, Jehová le ha entregado al león, que le ha quebrantado y matado, conforme a la palabra de Jehová que él le dijo.

¿Merecía morir aquel profeta? Para la lógica humana "no", porque había sido victima de un engaño, sin embargo al estudiar con atención nos damos cuenta que le creyó más al hombre que a Dios, prefirió más satisfacer su necesidad, que obedecer al Señor y esto le costó la vida, si Dios lo hubiera dejado vivo, entonces , hubiera estado dando lugar a que otros lo desobedecieran, a que cualquiera tomara su palabra en vano. ¿Es que Dios ha "marcado a algunos para bien y a otros para mal"?

¿Qué podríamos decir de David o Isaías o Jeremías o de tanto personaje bíblico? Pero mi punto es que hemos sido escogidos o marcados para llevar a cabo el propósito de Dios. Es bien fácil volcarnos contra el Señor en un momento de angustia y la verdad es que todos lo hemos hecho en un momento determinado de nuestra vida. Lutero en una ocasión le dijeron: "¿Amas a Dios? Algunas veces lo odio" fue su respuesta. En sus momentos de angustia Gloria le preguntaba al Señor el ¿Por qué se había llevado a nuestro hijo siendo tan joven? ¿Por qué no te lo llevaste cuando era un bebito? ¿Por qué me lo diste y me hiciste amarlo tanto si Tú sabías que te lo ibas a llevar? Su dolor la llevó a preguntarse: ¿Qué es más doloroso para la familia, sufrir la pérdida de un ser querido cuando es un bebito o cuando es joven o cuando es un anciano? En sus palabras:

"Aquel día inundé al Señor con mil preguntas y luego me dirigí al cementerio a dejar flores, pero mi mente seguía martillando con aquellos ¿Porqué Señor?. Al llegar al cementerio sentí que estaba sola, que el Señor me había abandonado, en la tumba empecé a limpiar las dos placas y las adorné para que se vieran bonitas. De repente levanté la mirada y me di cuenta que no estaba sola, un anciano americano y su hijo se encontraban muy cerca de donde yo estaba, sin pensarlo dos veces me levanté y me dirigí hacia aquel viejecito que ya andaba por los ochenta años, al verme llegar me preguntó ¿Es tu hijo el que está allí? Con mi cabeza le dije que si, mi hijo y su novia, luego me dijo: "Ayer vinieron unos jóvenes a verlos;" por un momento sentí gozo en mi corazón al saber que sus amigos todavía se acordaban de ellos y volviéndome al anciano le pregunté: ¿A quien tienes aquí?, en aquel instante aquel anciano dio un grito de dolor, que me hizo estremecer y lamentarme el haberle preguntado y entre gritos y sollozos me dijo que acababa de enterrar a su esposa, su fiel compañera por sesenta años y que su vida ya no tenía sentido que deseaba morirse y empezó a preguntarle a Dios ¿Por qué me la dejaste tanto tiempo para llevártela cuando más la necesitaba? ¿Por qué me has dejado solo? Y ¿Por qué y porqué? Su hijo se acercó a él y le dijo: "Papá, me tienes a mí, yo voy a estar contigo siempre". No es igual, le contestó, ya nada es igual, sesenta años juntos, sesenta años durmiendo en la misma cama, sesenta años platicando, sesenta años... Tomé la mano de aquel anciano y empecé a orar por él hasta que se quedó callado. En cuestión de segundos el Señor me contestó, que sin importar la edad, cuando alguien que uno ama muere, el dolor es el mismo; entonces se vino a mi mente aquella pregunta que ya la había escuchado, pero nunca había salido de mi boca: SEÑOR ¿QUE SENTISTE TU, CUANDO VISTE MORIR A TU HIJO EN ESA HORRENDA CRUZ?" Allí le pedí perdón al Señor y entendí que hemos sido llamados, marcados, para darle toda gloria y honor, aun en las peores circunstancias. Por que no os he dado una prueba que sea mayor de lo que puedes resistir, sino que junto con la prueba, os he dado también la salida (1Co 10:13). Si Dios nos ha hecho pasar por algo es por que sabía que lo íbamos a soportar y le íbamos a servir de consuelo o consolación a otros que van a pasar por lo mismo y estas fueron las últimas palabras que el Señor me habló cuando di mi testimonio en la iglesia: "Tienes que hablarlo, porque muchos van a pasar por esto." No habían pasado ni dos semanas cuando la tragedia tocó a la puerta de la iglesia una vez más y los hermanos Nelson y Marta Solórzano perdieron también a un hijo en otro accidente.

En verdad no es fácil aceptar la voluntad de Dios, te sientes traicionado, porque en ese momento solo piensas en ti; en un momento de desesperación les dije a mis hermanos que sentía en lo más profundo de mi ser que "Dios había perdido el control del mundo", que el mundo se le había escapado de sus manos. Pero entendí que aquel pensamiento era producto del dolor que estaba sintiendo y esto es precisamente lo que satanás quiere que pensemos, nos quiere apartar de la comunión con Dios, de nuestra confianza con EL. Mi hermano Raul me pidió que no hablara así porque me estaba poniendo contra Dios, pero yo entendía perfectamente bien lo que se estaba moviendo a nuestro alrededor, en mi mente estaban las palabras de C.S. Lewis, en la introducción de su libro: "El problema del dolor":

> *El Hijo de Dios sufrió hasta morir, no para qué los hombres no sufrieran, sino para que sus sufrimientos pudieran ser como los Suyos.*
> *GEORGE MACDONALD*

Ahora, ¿Cómo vamos a comparar nuestro dolor con el dolor de Dios? Si el es santo, puro, sin pecado. Aquí vemos que somos escogidos por él, para experimentar un poco de su dolor y se nos hace imposible aceptar las cosas que Dios hace y que no tienen sentido para la mente humana. Este ha sido el quiebra-cabezas de los que dicen no creer en EL y que lo buscan con más ánimo de aquel que dice creer. Este es el tema que Lewis aborda en su libro y es el dilema con el que vivieron los epicureos:

"O Dios quiere quitar el mal del mundo, pero no puede. O puede, pero no quiere quitarlo. O no puede ni quiere. O puede y quiere. Si quiere y no puede, es impotente. Si puede y no quiere, no nos ama. Si no quiere ni puede, no es el Dios bueno y además es impotente. Si puede y quiere, y esto es lo único que le cuadra como

Dios, ¿De donde viene entonces el mal real y por qué no lo elimina?"

Una de las preguntas que deberíamos de hacernos es ¿Hizo Dios el mal? O de plano ¿Es Dios el más grande de los masoquistas? Como lo llama Lewis en su otro libro 'Una pena en observación". Nunca conoceremos la mente de Dios y lo que tenemos que hacer es aceptar su voluntad, no por que él es Dios, sino por que él es amor.

En el capítulo once de la Carta a los Hebreos encontramos el "Salón de la Fama" de la fe, mas al examinar a cada uno de estos héroes nos damos cuenta que fueron marcados desde la eternidad para llevar a cabo el plan de Dios, sus hechos nos sirven de ejemplo para mantenernos en fe; pero el fin de sus vidas nos hacen ver que Dios mueve el mundo de acuerdo a su propósito y sea como sea, todo sirve para bien:

Es, pues, la fe la certeza de lo que se espera, la convicción de lo que no se ve.

Heb 11:2 Porque por ella alcanzaron buen testimonio los antiguos.

Heb 11:3 Por la fe entendemos haber sido constituido el universo por la palabra de Dios, de modo que lo que se ve fue hecho de lo que no se veía.

Heb 11:4 Por la fe Abel ofreció a Dios más excelente sacrificio que Caín, por lo cual alcanzó testimonio de que era justo, dando Dios testimonio de sus ofrendas; y muerto, aún habla por ella.

Heb 11:5 Por la fe Enoc fue traspuesto para no ver muerte, y no fue hallado, porque lo traspuso Dios; y antes que fuese traspuesto, tuvo testimonio de haber agradado a Dios.

Heb 11:6 Pero sin fe es imposible agradar a Dios; porque es necesario que el que se acerca a Dios crea que le hay, y que es galardonador de los que le buscan.

Heb 11:7 Por la fe Noé, cuando fue advertido por Dios acerca de cosas que aún no se veían, con temor preparó el arca en que su casa se salvase; y por esa fe condenó al mundo, y fue hecho heredero de la justicia que viene por la fe.

Heb 11:8 Por la fe Abraham, siendo llamado, obedeció para salir al lugar que había de recibir como herencia; y salió sin saber a dónde iba.

Heb 11:9 Por la fe habitó como extranjero en la tierra prometida como en tierra ajena, morando en tiendas con Isaac y Jacob, coherederos de la misma promesa;

Heb 11:10 porque esperaba la ciudad que tiene fundamentos, cuyo arquitecto y constructor es Dios.

Heb 11:11 Por la fe también la misma Sara, siendo estéril, recibió fuerza para concebir; y dio a luz aun fuera del tiempo de la edad, porque creyó que era fiel quien lo había prometido.

Heb 11:12 Por lo cual también, de uno, y ése ya casi muerto, salieron como las estrellas del cielo en multitud, y como la arena innumerable que está a la orilla del mar.

Heb 11:13 Conforme a la fe murieron todos éstos sin haber recibido lo prometido, sino mirándolo de lejos, y creyéndolo, y saludándolo, y confesando que eran extranjeros y peregrinos sobre la tierra.

Heb 11:14 Porque los que esto dicen, claramente dan a entender que buscan una patria;

Heb 11:15 pues si hubiesen estado pensando en aquella de donde salieron, ciertamente tenían tiempo de volver.

Heb 11:16 Pero anhelaban una mejor, esto es, celestial; por lo cual Dios no se averg:uenza de llamarse Dios de ellos; porque les ha preparado una ciudad.

Heb 11:17 Por la fe Abraham, cuando fue probado, ofreció a Isaac; y el que había recibido las promesas ofrecía su unigénito,

Heb 11:18 habiéndosele dicho: En Isaac te será llamada descendencia;

Heb 11:19 pensando que Dios es poderoso para levantar aun de entre los muertos, de donde, en sentido figurado, también le volvió a recibir.

Heb 11:20 Por la fe bendijo Isaac a Jacob y a Esaú respecto a cosas venideras.

Heb 11:21 Por la fe Jacob, al morir, bendijo a cada uno de los hijos de José, y adoró apoyado sobre el extremo de su bordón.

Heb 11:22 Por la fe José, al morir, mencionó la salida de los hijos de Israel, y dio mandamiento acerca de sus huesos.

Heb 11:23 Por la fe Moisés, cuando nació, fue escondido por sus padres por tres meses, porque le vieron niño hermoso, y no temieron el decreto del rey.

Heb 11:24 Por la fe Moisés, hecho ya grande, rehusó llamarse hijo de la hija de Faraón,

Heb 11:25 escogiendo antes ser maltratado con el pueblo de Dios, que gozar de los deleites temporales del pecado,

Heb 11:26 teniendo por mayores riquezas el vituperio de Cristo que los tesoros de los egipcios; porque tenía puesta la mirada en el galardón.

Heb 11:27 Por la fe dejó a Egipto, no temiendo la ira del rey; porque se sostuvo como viendo al Invisible.

Heb 11:28 Por la fe celebró la pascua y la aspersión de la sangre, para que el que destruía a los primogénitos no los tocase a ellos.

Heb 11:29 Por la fe pasaron el Mar Rojo como por tierra seca; e intentando los egipcios hacer lo mismo, fueron ahogados.

Heb 11:30 Por la fe cayeron los muros de Jericó después de rodearlos siete días.

Heb 11:31 Por la fe Rahab la ramera no pereció juntamente con los desobedientes, habiendo recibido a los espías en paz.

Heb 11:32 ¿Y qué más digo? Porque el tiempo me faltaría contando de Gedeón, de Barac, de Sansón, de Jefté, de David, así como de Samuel y de los profetas;

Heb 11:33 que por fe conquistaron reinos, hicieron justicia, alcanzaron promesas, taparon bocas de leones,

Heb 11:34 apagaron fuegos impetuosos, evitaron filo de espada, sacaron fuerzas de debilidad, se hicieron fuertes en batallas, pusieron en fuga ejércitos extranjeros.

Heb 11:35 Las mujeres recibieron sus muertos mediante resurrección; mas otros fueron atormentados, no aceptando el rescate, a fin de obtener mejor resurrección.

Heb 11:36 Otros experimentaron vituperios y azotes, y a más de esto prisiones y cárceles.

Heb 11:37 Fueron apedreados, aserrados, puestos a prueba, muertos a filo de espada; anduvieron de acá para allá cubiertos de pieles de ovejas y de cabras, pobres, angustiados, maltratados;

Heb 11:38 de los cuales el mundo no era digno; errando por los desiertos, por los montes, por las cuevas y por las cavernas de la tierra.

Heb 11:39 Y todos éstos, aunque alcanzaron buen testimonio mediante la fe, no recibieron lo prometido;

Heb 11:40 proveyendo Dios alguna cosa mejor para nosotros, para que no fuesen ellos perfeccionados aparte de nosotros.

¿Valdrá la pena seguir llorando? Hemos sido escogidos por el Señor para llevar lo que otros no pueden hacer. Estos héroes se esforzaron con todas sus fuerzas para agradar a Dios y vemos que en su tiempo, no recibieron las promesas o mejor dicho la Promesa: A nuestro Salvador Divino que nos hace perfectos.

Los discípulos lo entendieron y también lo hizo la iglesia primitiva, si leemos el "Libro de los Mártires" veremos ese sufrimiento que soportaron y que hasta el día de hoy nos sirve como un claro ejemplo para seguir. Y ése fue precisamente el mensaje de Pablo en sus cartas:

2Co 6:3 No damos a nadie ninguna ocasión de tropiezo, para que nuestro ministerio no sea vituperado;

2Co 6:4 antes bien, nos recomendamos en todo como ministros de Dios, en mucha paciencia, en tribulaciones, en necesidades, en angustias;

2Co 6:5 en azotes, en cárceles, en tumultos, en trabajos, en desvelos, en ayunos;

2Co 6:6 en pureza, en ciencia, en longanimidad, en bondad, en el Espíritu Santo, en amor sincero,

2Co 6:7 en palabra de verdad, en poder de Dios, con armas de justicia a diestra y a siniestra;

2Co 6:8 por honra y por deshonra, por mala fama y por buena fama; como engañadores, pero veraces;

2Co 6:9 como desconocidos, pero bien conocidos; como moribundos, mas he aquí vivimos; como castigados, mas no muertos;

2Co 6:10 como entristecidos, mas siempre gozosos; como pobres, mas enriqueciendo a muchos; como no teniendo nada, mas poseyéndolo todo.

Gal 6:14 Pero lejos esté de mí gloriarme, sino en la cruz de nuestro Señor Jesucristo, por quien el mundo me es crucificado a mí, y yo al mundo.

Hechs 14:22 Es necesario que a través de muchas tribulaciones entremos en el reino de Dios.

Por último: De aquí en adelante nadie me cause molestias; porque yo traigo en mi cuerpo las marcas del Señor Jesús. Gal 6:17

¿Cuanto más podríamos decir? Solo pido a Dios que se graben en nuestro corazón las palabras de George Macdonald:

El Hijo de Dios sufrió hasta morir, no para que los hombres no sufrieran, sino para que sus sufrimientos pudieran ser

como los Suyos
Ahora entendamos lo siguiente:
1Co 10:13

(BAD) Vosotros no habéis sufrido ninguna tentación que no sea común al género humano. Pero Dios es fiel, y no permitirá que vosotros seáis tentados más allá de lo que podáis aguantar. Más bien, cuando llegue la tentación, él os dará también una sali

(BL95) De hecho, ustedes todavía no han sufrido más que pruebas muy ordinarias. Pero Dios es fiel y no permitirá que sean tentados por encima de sus fuerzas. En el momento de la tentación les dará fuerza para superarla.

(BLA) De hecho, ustedes todavía no han sufrido más que pruebas muy ordinarias. Pero Dios es fiel y no permitirá que sean tentados por encima de sus fuerzas. En el momento de la tentación les dará fuerza para superarla.

(BLS) Ustedes no han pasado por ninguna tentación que otros no hayan tenido. Y pueden confiar en Dios, pues él no va a permitir que sufran más tentaciones de las que pueden soportar. Además, cuando vengan las tentaciones, Dios mismo les mostrará cómo vencerlas, y así podrán resistir.

(Brit Xadasha 1999) No os ha tomado tentacion, sino humana: mas fiel [es] Elojim, que no os dejara ser tentados mas de lo que podeis [llevar;] antes dara también juntamente con la tentacion la salida, para que podais aguantar.

(CST) Recordad que toda tentación o toda prueba que os sobrevenga es cosa humana; pero recordad también que Dios, en su fidelidad, no permitirá que seáis tentados más allá de lo que podáis soportar, sino que, al llegar las pruebas, él os dará la forma de salir de ellas.

(RV1960) No os ha sobrevenido ninguna tentación que no sea humana; pero fiel es Dios, que no os dejará ser tentados más de lo que podéis resistir, sino que dará también juntamente con la tentación la salida, para que podáis soportar.

EL sigue en control de todo.

Capítulo siete
ESPERANZA DE VIDA ETERNA

De cierto, de cierto os digo: El que cree en mí, tiene vida
eterna.
Juan 6:47

TESTIMONIO DE GLORIA

Desde que acepté al Señor en 1993, mi vida ha estado
llena de muchas experiencias espirituales que no son fáciles
de creer, al llegar a este país cometí el error de empezar
a estudiar con los Rosacruces y aunque fue muy poco,
el enemigo se aprovechó de esta situación y por muchos
años trató de destruirme. Yo podía sentir como aquella
influencia demoníaca se presentaba a mi cuarto, cuando
mi esposo se iba a trabajar y aquello se había convertido
en un martirio.

Con el correr de los años, mi suegra se vino a vivir
con nosotros y le conté lo que estaba pasando conmigo,
entonces ella me empezó a hablar del Señor, me di cuenta
que en realidad no amaba a Dios, porque aún en mis
momentos de angustia, clamaba a los santos que mis
padres me habían enseñado y fue entonces que acepté a

Jesucristo como mi salvador; aquí empezó a cambiar mi vida y aunque no sabía nada, había algo dentro de mi ser que me hacía sentir segura. Mi suegra me dijo que cuando aquella manifestación satánica volviera a querer atormentarme, que la reprendiera en el "NOMBRE DE JESUS", que le dijera "LA SANGRE DE CRISTO TIENE PODER", y cuando se llegó la oportunidad hice lo que mi suegra me había dicho y aquel animal se fue con solo escuchar el nombre de Jesús. Aquí empecé a experimentar algo que no había sentido antes: ME ENAMORE DEL SEÑOR, empecé a sentir algo bello por EL en lo más profundo de mi ser, entonces me dediqué a leer su palabra y a buscar iglesia donde congregarme.

Pasado algún tiempo escuché una madrugada cuando mi esposo se fue a su trabajo y me levanté al baño, al acostarme de nuevo sentí que alguien se acostó o se sentó en mi cama, aquello me tomó tanto por sorpresa que yo quería gritar "Jesucristo ayúdame", mas la voz no me salía, sentí cuando aquel ser empezó a moverse dentro del cuarto y cuando se estaba acercando a mi, al abrir mis ojos pude ver que su rostro estaba junto al mío y al ver aquellos ojos grandes y brillosos, grité con todas mis fuerzas: "JESUUUUUS", JESUUUUUS", no hubo necesidad de decir nada mas, porque en aquel instante el cuarto se iluminó por completo y pude ver al Señor con sus vestiduras resplandecientes, que no me permitieron ver su rostro, pero lo vi en toda su majestuosidad parado en la puerta, en aquel momento me sentí la mujer mas feliz del mundo, en nada se puede comparar lo horrible que había estado viviendo segundo antes, con la grandiosidad de mi Dios bello y hermoso. Si antes me había enamorado del Señor ahora mi corazón se desbordaba por él.

Empecé entonces a ayunar, a hacer vigilias, a estudiar la palabra porque sentía que todo aquello me acercaba más a mi Rey, ya para entonces me estaba congregando en una iglesita en Bell: "Nueva Vida en Cristo" y mi pastor era Manuel Montes, a quien siempre consideré como un "Gran Maestro" y un "Verdadero Siervo de Dios", mi vida había cambiado, ahora era una nueva criatura y ya nada ni nadie me iba a separar de su amor.

Mis experiencia con el Señor fueron aumentando y muchas veces nos retirábamos a la montaña a orar, la "Casa de Piedra" en Acton CA se convirtió en un campo de batalla para nosotros, junto con mi cuñada Gladis nos metíamos en una guerra abierta con los demonios para que soltara las almas y empecé a conocer lo que era el mundo espiritual, cada vez que salíamos de allí sentíamos que el Señor iba con nosotros literalmente y sus manifestaciones en la iglesia eran cada vez mayor.

Formamos un grupo de intersección en nuestra iglesia y un equipo de guerreras que nos dedicábamos a luchar con todo lo que Dios nos daba. Aquí estuvo con nosotras la hermana Wilda, la Hna. Gaspar y todo el grupo de la iglesia: Hna. Doris, Hna. Astorga, Hna. Anita U, Hna. Marilin, Hna. Flor, Hna. Sergia, Hna. Inés, Hna. Gloria F y Hna. Conchita, nuestra pastora. Pudimos ver como la congregación empezó a aumentar y aunque algunas familias se nos iban al fin de año, eran más las que el Señor mandaba para reemplazarlas. Cada retiro o vigilia o ayuno que teníamos era maravilloso, parecía como si los cielos se abrían y podíamos llegar a la presencia misma de Dios, nunca nos dejó avergonzados. Cuando me llamaron para hacerme saber que el próximo año sería Diaconisa de la iglesia me sentí muy feliz. ¿Sería que el Señor me había estado preparando para un cargo como éste? No, la verdad es que el Señor me había estado preparando para algo más grande, pero a la vez más doloroso.

Por cosas que solo Dios sabe, me quedé sin trabajo y entonces nos metimos a una agencia para trabajar como Foster Parents y recuerdo claramente que las personas que nos dieron las clases nos dijeron que nunca nos iban a dar un niño a nuestro cuidado, que no fuera latino, una semana después de las clases recibimos una llamada de la agencia para preguntarnos si queríamos cuidar por un "par de días" a un niñito afroamericano por que no hallaban donde ubicarlo. Aquello fue una gran sorpresa para nosotros, cuando llevaron al niño llamé a German a su trabajo y le expliqué lo que el Trabajador Social me había dicho, nuestros hijos se quedaron perplejos de ver aquel bebito que mas bien parecía un "peluchito," apenas tenía cinco días de nacido y su presencia cambio el rumbo de la casa, su nombre Marquise Jackson. Aquel niño se convirtió en toda una novedad entre los familiares y nuestra iglesia, había algo especial en él que lo hacía único, en verdad se convirtió en el juguete de todos, mi hijo lo quería, Tania y Claudia también y nosotros venimos a ser como papás de nuevo. Algunas veces nos preocupaba por que lo veíamos temblar de una manera anormal, su cuerpecito estaba lleno de droga y lo hacía sentirse mal.

En una ocasión escuchando en la radio el programa "Enfoque a la Familia" dijeron acerca de unos pastores que habían dedicado su vida a trabajar con niños así, pero el pastor había tomado más compromisos y ya no podía seguir trabajando con ellos por causa de su tiempo; pasado cierto tiempo la agencia llamó a su esposa para pedirle de favor que tomaran a un bebito que solo iba a vivir una semana, su cerebro estaba muerto, el pastor se encontraba haciendo un viaje y recibió la llamada de su esposa, quien le explicó lo que le habían dicho. El aceptó cuidar aquel bebito por una semana. Al llegar a casa vio aquella criatura con mucha curiosidad y se dio cuenta de lo delicado que estaba pero a la vez de lo vivo que estaba, donde quiera que él se movía los ojitos de aquel bebito lo seguían, entonces pasó lo que nunca él se imaginó: "Se enamoró de aquella criatura" y empezó a mostrarle amor por sobre todas las cosas y aquel bebito que solo iba a vivir por una semana, estuvo con ellos por seis meses, hasta que el Señor se lo llevó. Este relato cambio nuestra vida para siempre, nos hizo ver que lo que estábamos haciendo era lo correcto y le dimos más amor a nuestro Marquise y se lo llevamos a nuestro Pastor para que lo presentara delante de Dios y al hacerlo profetizó que aquel niño sería un predicador; al poco tiempo había desaparecido aquella tembladera que le daba y aunque hubieron ratos en casi me daba por vencida, el Señor nos sacó adelante y tuvimos aquel niño con nosotros por los primeros dos años de su vida, hasta que su abuelita Gail Jackson lo encontró.

Meses atrás mi suegra se había venido sintiendo mal y se llegó el momento en que el Doctor le dijo que era mejor que se operara del corazón para que se le quitara todo. Se llego el día de la operación y todo salió bien, entonces tomamos a Marquise con nosotros y fuimos al hospital y allí la niña Gladis nos dijo: "Nunca vayan a abandonar a este niño, cuídenlo con todo su corazón, este niño les va a traer bendición." Dos días más tarde mi suegra falleció por una complicación que hubo y sus palabras quedaron marcadas en nuestros corazones y ahora teníamos que decidir que hacer, por que ya habíamos empezado el proceso de adoptarlo. No era fácil tomar una decisión, así que hablamos con nuestro pastor, para entonces ya sabíamos que el niño tenía más hermanos y que su familia era grande. Decidimos dárselo a Gail, pero le pedimos que nos permitiera verlo ocasionalmente. Por cosas de corte, el niño siguió con nosotros y con ellos. El problema más grande que enfrentamos fue que cada vez que llevábamos al niño de regreso con su familia, era una lucha, por nada del mundo quería separarse de nosotros, lloraba, gritaba, pataleaba y hacía hasta lo imposible por no irse. Poco a poco se fue acostumbrando a su familia pero siempre pasaba tiempo con nosotros.

En una ocasión mi hijo fue con Shantile a recogerlo y aunque lo cargaron por todos lados el niño sentía celos con ella, a lo mejor pensaba que German ya no lo iba a querer, doy gracias a mi Dios que cuando pasó el accidente Marquise no estaba con nosotros, por que solo Dios sabe lo que hubiera pasado. La primera vez que lo trajimos después de todo lo ocurrido, aquel niñito lindo estuvo llorando, como si entendía a plenitud lo que había pasado, apenas tenía cinco años y nos sorprendió a todos cuando nos dijo: "I want to die, I want to be with Herman". Quien se iba a imaginar que después de tanto tiempo, este niño sigue llenando nuestros corazones y nuestras almas, Verdaderamente que Dios no se equivoca…

Cuando nos movimos a Palmdale, dejamos de ver al niño por mucho tiempo y hasta pensamos que él se iba a olvidar de nosotros, mas no fue así, la abuelita nos habló y nos dijo que podíamos ver al niño cuantas veces quisiéramos, que él preguntaba mucho por nosotros, entonces decidimos traerlo de nuevo y esto trajo más tranquilidad a nuestras vidas. Aquí empezamos a trabajar para el Señor abriendo una iglesia y aunque las cosas no se dieron como pensamos, seguimos trabajando y fue aquí donde el Señor me permitió vivir la siguiente experiencia: "Para un culto de damas se me pidió que trajera el mensaje, empecé a orarle al Señor para que me diera lo que el pueblo necesitaba oír, entonces se me vino a la mente un versículo del Evangelio de Lucas:

Lucas 11:13

Pues si vosotros , siendo malos, sabéis dar buenas dádivas a vuestros hijos, ¿Cuánto mas vuestro Padre celestial dará el Espíritu Santo a los que se lo pidan?

Empecé a meditar y a estudiar aquel versículo y su contexto y el Señor puso cosas muy lindas en mi corazón, conforme se iba acercando el día me sentía más nerviosa como si algo no estaba bien, entonces leía de nuevo el pasaje las cosas que había escrito y me quedaba tranquila, porque sentía que el mensaje era el adecuado. Se llegó el día designado por el Señor para compartir el mensaje que EL había puesto en mi corazón, y esa tarde me puse a escribir un pequeño bosquejo de lo que iba a predicar en esa noche y cuando leo Lu 11:13, que por cierto ya me lo sabia de memoria, oigo una voz en mi corazón que me dice:

" Lee bien lo que vas a predicar"

Nunca me imaginé escuchar la voz del Señor en ese momento, y comienzo a leer palabra por palabra, bien despacio, queriendo descubrir lo que EL me quería revelar; pero no recibí nada mas de lo que ya había recibido, cuando termino de leer por segunda vez, me vuelve a hablar, y me dice:

"Vuélvelo a leer"

Ya para ese momento mi corazón me palpitaba fuera de lo normal, y comienzo a leer nuevamente, ahora ya no leí solamente el versículo sino que dije: "LUCAS 11:13" y en ese momento que dije LUCAS 11:13 me habló nuevamente y me dijo:

"Allí está"

Mi respuesta fue una pregunta:"¿Allí está qué?". Una vez más el Señor me habla y me dice:

"¿que paso en tu vida en esa fecha?"

y pronto me recordé la fecha en que nuestro hijo partió con el EL: NOVIEMBRE 13, entonces le dije:

"Señor, esa fue la fecha en que Tú te llevastes a mi hijo," entonces me dijo:

"Pues de eso quiero que hables de la esperanza de vida eterna, y tu la has vivido"

Desde un principio el Señor nos ha confirmado la salvación de German y Shantile de muchas maneras: por sueños, por revelaciones, por siervos, y por palabra audible de parte de El. En ese momento estaba temblando, llorando, diciéndole: "Oh Dios mío gracias por permitirme escuchar tu voz"; pero EL no había terminado de hablar y nuevamente escucho su voz que me dice:

"¿Tú sabes el porque yo me vine a esta edad? Yo no era un anciano."

No le contesté su pregunta pues no sabia que decir y luego me dijo:

"Para mostrarles a todos ustedes que esa no es la vida, la vida es ésta", me dijo, "la que yo compre con mi sangre, la vida eterna".

Aquellas fueron sus últimas palabras. Yo seguía temblando y llorando, se me hacía difícil creer que el Señor hubiese tenido aquella conversación tan larga conmigo. Ya no escribí nada en el papel que tenia en mi mano y esa noche me dio una gran libertad para predicar el mensaje que EL mandaba a su pueblo.

No hay nada más grande en el cristianismo, que tener la seguridad de que vamos a vivir para siempre al lado de nuestros seres queridos, aquí en la tierra solo somos extranjeros y peregrinos, la verdadera vida se encuentra al lado del Señor. Muchas veces el dolor nos hace pensar que Dios no nos ama, que se ha apartado de nosotros, pero es todo lo contrario, el esta allí y como dice schaeffer, "no está callado"; el silencio de Dios puede romper nuestros tímpanos, lo que deberíamos preguntarnos es ¿Qué esperamos de Dios en ese momento? Y la respuesta es… nada…por que EL está allí…en nuestro dolor, en nuestra aflicción, en nuestro llanto…solo deja abrazarte y abre tu corazón…escucha su voz que te dice:"NUNCA HE DEJADO DE AMARTE". Definitivamente hay esperanza después del dolor…la esperanza de una vida eterna.

Capítulo ocho
TODO SIRVE PARA BIEN

Y sabemos que a los que aman a Dios, todas las cosas les ayudan a bien.
Romanos 8:28

Sin lugar a dudas este versículo se puede entender a cabalidad, hasta que Dios te ha hecho pasar por algo duro, ya que, para la razón humana, no se le haya sentido. Podríamos decir que es una mini-conclusión del Libro de Job. ¿Qué fue lo más grande que recibió Job? Ver al Señor en toda su magnitud y entender que delante de él somos unos pobres ignorantes que hablamos lo que no sabemos. ¿Qué de bueno pudo haber en la muerte de los hijos de Job? Para la razón humana, nada, sin embargo aquí Job conoce quien verdaderamente era su esposa, quienes en realidad eran sus amigos y lo más grande, quien era Dios. ¿Qué de bueno pudo haber en la muerte de mi hijo? Aparentemente nada, sin embargo Dios, aún de la tragedia más grande, puede hacer algo maravilloso y solo nos basta ver una cruz para comprobarlo, porque por bonita, tosca o fea que sea, siempre nos va a llevar al

Calvario y queramos o no, nos va a enfrentar al Cristo crucificado, quien convirtió aquella horrible escena, en lo más grande y glorioso que ha recibido la humanidad. Algunas veces me he preguntado ¿Qué tanto ama Dios a esos siervos de Tijuana, para que nos haya escogido a nosotros para llevarles palabras de consuelo?(mas adelante explico de que se trata) O ¿Qué tanto ama Dios a ese Doctor para que los hermanos hayan sido escogidos para lo mismo? Lo único que nos queda es aceptar que todo sirve para bien.

Una tarde después que ya habían pasado un par de días volví al cementerio solo, necesitaba estar allí, apenas habían puestos las placas de los muchachos y era necesario que llegara y poder enfrentar aquella realidad. El haber visto a mi hijo en el servicio fúnebre me hizo casi desmayar, sin embargo había algo dentro de mí que me decía: "Mira la mano de Dios en ellos, están intactos, bellos" y esto era verdad, se veían tan natural; aparte de esto sentía que de alguna manera todavía estaban allí, los pude tocar…pero ahora todo era diferente …me bajé del carro y pude ver que lo único que quedaba de ellos eran dos placas:

Image 4

Por alguna razón el Señor no me permitió llorar durante todo aquel largo proceso, pero ahora estaba solo, con miles de preguntas en mi cabeza y lo tremendo era que yo sabía que no tenían una respuesta que me dejara tranquilo. Leí y releí aquellos mensajes y sonaba dentro de mí: "Esperanza tendrán vuestros hijos" un versículo dado por el Señor a mi hermana Rosita Astorga . En un instante pude ver lo que había sido la vida de mi hijo y pude ver mis errores y mis aciertos y le sigo dando gracias a Dios por habérmelo prestado diecinueve años y haber sido un padre que hizo lo que tenía que hacer para que fuera un buen hijo. No se cuanto tiempo estuve allí, pero cuando salí me sentí más tranquilo aunque esto solo fue a medias.

Hoy puedo entender que sigue habiendo un temor en nuestros corazones que no nos deja vivir la realidad, nos escondemos en nuestro ministerio, creemos que con mantenernos ocupados "sirviéndole a Dios", estamos bien, pero la verdad es otra o al menos esto pasó conmigo. Si antes le había servido al Señor de corazón, ahora mi tiempo y mi vida estaba dedicada a EL: Trabajaba como pastor de jóvenes, enseñaba la Escuela Dominical (para ambos grupos), predicaba en un centro de rehabilitación, empecé a predicar en la cárcel, daba clases en una Escuela Biblica de Los Angeles, fundé un Instituto Bíblico en el cual daba clases, predicaba en mi iglesia y además estaba metido en el ministerio de guerra espiritual y consejería; todo parecía bien, hasta que un día me llama el Hno. Juan de Dios Vaca y me dice lo que estaba pasando: Mi esposa estaba desesperada, ya no aguantaba aquella situación y lo más tremendo de todo es que yo no me daba cuenta, para mí todo estaba bien, todo parecía normal.

Reconocer esta situación me impulsó más a escribir este libro, por que son muchos los hermanos que tienen ministerios que cometen el mismo error, lo creamos o no, de esa manera no le estamos sirviendo a Dios, estamos trabajando en las cosas de Dios pero no estamos haciéndolo para EL, porque estamos descuidando lo que más debemos de cuidar. Es probable que otros se descuiden de sus hijos o de sus padres o lo más peor, de su ministerio. Que ciego estaba por el dolor, que aún con las palabras de mi hermano Juan, seguí en lo mismo, tuve que cortar algunas de las cosas que estaba haciendo; pero solo por calmar un poco a mi esposa y hacerla sentir mas tranquila, pero dentro de mí seguía aquello que me negaba enfrentar y entonces el Señor trató directamente con mi cuerpo, para hacerme entender y quedarme postrado en casa y tener mucho tiempo para meditar y pensar acerca de mi vida y mi ministerio.

El Señor me ha mostrado que hay esperanza después del dolor; pero para entenderlo tuvo que tocar mi salud, fue hasta entonces que entendí que EL nunca me ha dejado y las palabras del profeta Isaías 41:10 se hicieron vida en mí:

"No temas, porque yo estoy contigo; no desmayes porque yo soy tu Dios que te esfuerzo, siempre te ayudaré, siempre te sustentaré con la diestra de mi justicia."

No debemos de jugar a ser héroes, pretendiendo decirle a la congregación: "Vean, yo no lloro, porque el Señor me ha dado fortaleza para soportar esto y más." No nos engañemos, tenemos que aceptar que Dios nos ha hecho pasar por algo que no entendemos al principio, pero al final, nos va a mostrar lo que ha querido hacer. Esta fue mi realidad, a solo un mes de haber perdido a mi hijo, mi hermana Eva Diaz nos pide de favor que vayamos a Tijuana, Mexico, a orar por una pareja de evangelistas que acababan de perder a su hijo en otro accidente automovilístico. Aquella petición nos cayó de sorpresa y la primer pregunta que vino a nuestras mentes fue: ¿Cómo vamos a orar por alguien más, si somos nosotros los que necesitamos oración? Sin embargo aceptamos aquella invitación y dejamos que el Señor hiciera lo que tenía que hacer, tanto con nuestras vidas como con las de aquellos ancianos evangelistas que ya no querían nada con el Señor. Partimos rumbo a Tijuana un día sábado y llevamos con nosotros a mi Hna. Eva y a mi hermana en sangre Gladis.

La casa de aquellos hermanos me hicieron recordar las casas de mi pueblo, pequeñas por fuera, pero por dentro grandes, con corredores y un jardín en medio. Según nosotros aquello iba a ser una platica, una oración y ya. Suponíamos que en un par de horas se iba a terminar y la idea primordial era que nosotros les íbamos a ayudar, mas Dios nos tenía algo más. Invitamos al hermano para que se quedara con nosotros y orar por él pero no quiso, nos dijo que estaba muy ocupado; pero que su esposa nos podía escuchar.

Empezamos a platicar con la hermana y en un momento determinado empezó a contarnos su testimonio y la manera de cómo Dios los había estado usando en su obra. Nos quedamos pasmados escuchando las maravillas que Dios había hecho por medio de ellos, no solo en Mexico sino también aquí en Los Estados Unidos. Aquella plática se fue extendiendo y cuando venimos a sentir, estábamos almorzando, ya para entonces se nos había unido un sobrino del hermano y también se encontraba con nosotros una hermana en sangre de Eva. Oramos, comimos y la platica continuo, hasta que llegó al punto de lo que le había pasado a su hijo: Ella había estado evangelizando a un Doctor que recién había perdido un hijo y mientras oraba por él, ella escuchó la voz del Señor en su corazón que le dijo:

"La única manera como vas a consolarlo es pasando por lo mismo."

Inmediatamente se levantó y le dijo al Señor que no, que ella no quería pasar por aquella experiencia, sin embargo se dio, como si aquello que escuchó fue como una sentencia dictada del cielo. Nos dijo que era la primera vez que ella hablaba acerca de aquello. Entonces Gloria también le compartió lo que había pasado con el nuestro y de cómo el Señor nos había dado fortaleza para poder visitarla y compartir con ella nuestra experiencia. El tiempo se fue como agua, entonces vimos que se había hecho tarde y manejar en Tijuana es muy diferente a manejar aquí, así que empezamos a pensar en nuestro regreso. En toda aquella platica el hermano se asomaba por ratos pero se iba rápido, en una de esas su sobrino lo abrazó y le pidió que se reconciliara con Dios, que no había motivo para estar enojado con EL. Entonces accedió a que oráramos por él en aquel momento pero no pasó nada, su mente y su corazón no estaban allí; aquel sobrino se colgaba de sus hombres pero aquel varón parecía un cedro.

Las horas pasaron volando y cuando vimos hacia afuera ya estaba oscureciendo, entonces decidimos hacer una oración de despedida, en ese momento nos sentíamos fortalecidos, por todo lo que aquella evangelista había compartido con nosotros, la muerte de su hijo le fue anunciada por el Señor, para salvar a un Doctor y a su familia y para darles un nuevo ministerio, lo único que ella no lo había entendido así y desde que le había pasado la tragedia, no había vuelto a abrir su Biblia. Durante aquellas largas horas que se nos hicieron cortas, logramos que ella empezara a leer de nuevo y pudimos ver que el haber hablado con nosotros la había liberado de aquella opresión que la había estado atormentando, vimos una luz en su rostro y el brillo de sus ojos nos decía que había llegado la paz a su corazón.

Ahora teníamos que enfrentarnos a su esposo y le pedimos de favor que nos acompañara a orar por que ya nos veníamos de regreso. Antes de orar aquel varón se sentó a mi derecha y él quiso disculparse por no haber tenido tiempo para escucharnos, pero en ese instante, en ese instante el Señor me arrojó a sus pies y le estuve hablando de lo que Dios había hecho con nosotros y de cómo EL nos había llenado de paz, de fortaleza y seguridad. En aquel momento aquel hombre dio un grito desgarrador y empezó a gritar y a llorar y a pedirle perdón a Dios por la actitud que había tomado, cuando menos lo pensamos aquel roble estaba tirado en el suelo llorando como niño y empezó a darle gracias a Dios por todo lo sucedido. Aquella gente se quedó muy sorprendida por lo que había pasado, aquel hombre abrazó a su esposa y le pidió perdón. Así como el Señor le mostró a mi hermana el por qué de la tragedia, así también nosotros pudimos ver el ministerio que Dios estaba poniendo en sus manos y en nuestras manos y pudimos comprobar que todas las cosas ayudan para bien.

El retorno se nos hizo corto porque traíamos un gozo en nuestros corazones que no se puede explicar, no hay palabras para hacerlo y nos dimos cuenta que también nosotros necesitábamos una ministración como ésa, sabíamos que se nos había abierto otro campo y teníamos que usarlo para la gloria de Dios. El primer capítulo de la segunda carta a los Corintios se vino a mi mente, versículos del 3 al 7:

Bendito sea el Dios y Padre de nuestro Señor Jesucristo, Padre de misericordias y Dios de toda consolación, el cual nos consuela en todas nuestras tribulaciones, para que podamos también nosotros consolar a los que están en cualquier tribulación, por medio de la consolación con que nosotros somos consolados por Dios.

Porque de la manera que abundan en nosotros las aflicciones de Cristo, así abunda también por el mismo Cristo nuestra consolación.

Pero si somos atribulados, es para vuestra consolación y salvación; o si somos consolados, es para vuestra consolación y salvación, la cual se opera en el sufrir las mismas aflicciones que nosotros también padecemos.

Y nuestra esperanza respecto de vosotros es firme, pues sabemos que así como sois compañeros en las aflicciones, también lo sois en la consolación.

La palabra profética dada a Gloria por el Señor ("y muchos van a pasar por lo mismo") no se hizo esperar y son muchos los hermanos que han vivido en carne propia esta experiencia y Dios nos ha permitido estar allí, para traer palabras de consolación. Hemos aprendido a dar lo que Dios nos ha dado y ese es el objetivo principal de este escrito. Lo que dijimos desde un principio lo seguimos sosteniendo:

"Nada ni nadie nos va a parar de hablar de lo que Dios ha hecho en nuestras vidas."

Capítulo nueve
REFLEXIONES

No hay cosa mas dura y horrible que la muerte de un hijo, no se puede comparar con nada; cuando se mueren nuestros padres es duro pero lo tomamos como una cosa natural o normal porque ellos nos dieron la vida y lo único que están haciendo es cumplir con el ciclo que ésta nos da: Nacer, vivir, reproducirse y morir. Pero cuando muere un hijo, aquel hijo que usted suponía que lo iba a enterrar, aquel hijo por el cual usted luchó tanto y se esforzó para que no le faltara nada y... que de repente desaparece, dejando un vacío en su alma que nada ni nadie puede llenar, esto... si... es duro. Pasa el tiempo y aquel recuerdo queda en su mente para siempre y muchas veces el más mínimo detalle, trae el recuerdo y la suposición de "que felices fuéramos si él estuviera aquí." Sin embargo debemos de entender que hay esperanza después del dolor, con solo entender que Dios está en control de todo y que EL es el dueño de nuestras vidas, es más que suficiente, para sentirnos tranquilos.

Hay muchas razones que nos hacen sentir miserables después de la pérdida, en primer lugar, dejamos que nuestra mente corra todo los errores que cometimos con ellos y se nos olvida que aún con aquellos errores nuestra intención primordial fue hacer lo mejor para ellos; en segundo lugar nos atormentamos con esos recuerdos y queremos arreglar algo que sencillamente ya no se puede; en tercer lugar se vienen aquellas preguntas: ¿Por qué no hice esto o aquello? O sea, siempre existe la tendencia de sentirnos culpables. La cosa se pone más dura cuando alguien nos aconseja que "no debemos llorar…por que hay que dar testimonio de que somos buenos cristianos y que Dios está con nosotros." ¿Qué sucede cuando nuestros hijos conocieron al Señor de chicos pero ya de grandes se alejaron de la iglesia por cualquier razón? Nosotros vivimos ese caso y el único día que mi hijo iba con nosotros era para Eastern y algunas veces para Navidad; pero siempre estaba escuchando palabra de Dios en la casa y conocía muy bien el poder de la oración. En un capítulo anterior usamos este versículo:

En el temor de Jehová está la fuerte confianza;
Y esperanza tendrán sus hijos.
Proverbios 14:26

El cual nos hace ver que no están perdidos, el Señor los eligió, los marcó para que estuviesen con EL desde temprana edad. Lo que tenemos que hacer es creerle a Dios, ellos ya no pueden venir a nosotros, pero nosotros si llegaremos allá. Este libro es un libro de esperanza para tu alma, de ti depende el llegar a verlo de nuevo, probablemente dirás: "pero mi hijo nunca fue a la iglesia", o quizás: "pero mi hijo andaba en malos pasos"; mi pregunta es: ¿Conocías tú los pensamientos íntimos de tu hijo? ¿Llegaste alguna vez a saber por que era lo que era? ¿Conociste sus angustias, sus dudas o su encuentro con la Verdad? Lo mas seguro es que no y por eso sigues angustiado, sin hallar paz en tu corazón, cuando la solución está más cerca de lo que crees, déjame contarte una historia:

Los padres de Shantile nunca se dieron cuenta de su acercamiento a Dios, su madre Erika recuerda muy vagamente que ella le dijo algo acerca de Jesús, pero en sus propias palabras, dice, que no le puso atención, no porque no quería sino porque ellos no creían en nada. Aunque ya relaté esto anteriormente, creo que es necesario hacerlo de nuevo, por que ¿Cómo sabemos que ella está con el Señor? En una ocasión se quedó a dormir en nuestra casa y me quedé hablando con ella por mucho tiempo y le estuve hablando acerca del Señor, por último terminamos la conversación y le di un libro para que ella siguiera investigando (Mere Christianity de C.S. Lewis). Esa fue la primera y la última vez que yo hablé del Señor con ella, nadie sabía lo que habíamos hablado aquella noche, sin embargo el día de la boda, su mejor amiga estaba esperando por mí y al llegar a la funeraria me dijo: Usted es el papá de German y yo le dije sí, entonces me dijo:

Solo quiero decirle que Shantele se fue con el Señor, porque tres días antes del accidente me llamó por teléfono y me dijo lo que había hablado con usted y que le había dado un libro, en esa hora ella aceptó a nuestro Señor como SU SALVADOR, estaba muy feliz de haberlo hecho y se lo digo para que sepa que DIOS SE LOS LLEVO" .

¿Será casualidad? O ¿Coincidencia?. Definitivamente NO, es la mano de Dios que se mueve de manera misteriosa y que nos deja preguntándonos ¿Porqué? Y con mucho amor nos lleva la respuesta que nos fortalece y nos da esperanza, aún después del dolor. Ya no es tiempo para llorar, sino para aceptar la voluntad de Dios que nos asegura que todas las cosas nos ayudan a bien. El rey David tuvo un encuentro fuerte con el Señor, de un día para otro se encontró en problemas con EL, al poner sus ojos donde no debía, la Biblia nos dice que todos los hombres se fueron a la guerra, menos el rey y estando éste en la azotea de su casa vio a una mujer hermosa que se estaba bañando y la mandó a llamar, aquella mujer le dijo que era la esposa de uno de sus soldados; a los pocos días la mujer le da la noticia: "Estoy esperando un hijo"; el rey se siente desesperado y manda a llamar al soldado para que se vaya a su casa y se acueste con su esposa y de esa manera engañarlo y decirle que aquel niño era suyo. El soldado llega donde el rey quien lo atiende como a uno de sus mejores y lo emborracha y lo manda a su casa. David se queda tranquilo pensando: Se arregló el problema, mañana mando de regreso a éste y ya; pero al siguiente día se le informa al rey que aquel hombre se quedó a dormir en las puertas del palacio, entonces el rey lo manda a llamar y le pregunta: "¿Porqué no bajaste con tu mujer? Y la respuesta de aquel hombre lo deja atónito:

"Todo el pueblo está en guerra, durmiendo donde le toque ¿Y había yo de entrar en mi casa para comer y beber y dormir con mi mujer? Por vida tuya y vida de tu alma, que yo no haré tal cosa".

El pecado no deja ver a David la fidelidad de aquel hombre y se desespera e intenta hacerlo ir a su casa dos veces más. Pero aquel hombre se mantuvo firme (leer la historia completa en 2 Sa. 11). Entonces el rey envía una carta con el mismo soldado, en la cual estaba dictada su sentencia de muerte y efectivamente muere. David recoge aquella mujer y la lleva al palacio, entonces cuando ya se sentía tranquilo, Dios le manda a un profeta que le cuenta una parábola:

Jehová envió a Natán a David; y viniendo a él, le dijo: Había dos hombres en una ciudad, el uno rico, y el otro pobre.

El rico tenía numerosas ovejas y vacas; pero el pobre no tenía más que una sola corderita, que él había comprado y criado, y que había crecido con él y con sus hijos juntamente, comiendo de su bocado y bebiendo de su vaso, y durmiendo en su seno; y la tenía como a una hija.

Y vino uno de camino al hombre rico; y éste no quiso tomar de sus ovejas y de sus vacas, para guisar para el caminante que había venido a él, sino que tomó la oveja de aquel hombre pobre, y la preparó para aquel que había venido a él.

2 Samuel 12:1-4

El rey David se queda sorprendido de aquel relato, como cualquiera de nosotros que lo pueda aplicar para su propia vida y entonces exclama:

2Sa 12:5 Entonces se encendió el furor de David en gran manera contra aquel hombre, y dijo a Natán: Vive Jehová, que el que tal hizo es digno de muerte.

2Sa 12:6 Y debe pagar la cordera con cuatro tantos, porque hizo tal cosa, y no tuvo misericordia.

Quizás usted pudo haber pensado lo mismo o a lo mejor todavía se encuentra en una situación así; pero veamos lo que pasó:

2Sa 12:7 Entonces dijo Natán a David: Tú eres aquel hombre.

David se ve descubierto y recibe la sentencia que él mismo se había puesto: Pagar cuatro veces más; y todo empieza con su hijo recién nacido, Dios le dice por medio del profeta que la criatura moriría, entonces David…

Sa 12:7 Entonces dijo Natán a David: Tú eres aquel hombre. Así ha dicho Jehová, Dios de Israel: Yo te ungí por rey sobre Israel, y te libré de la mano de Saúl,

2Sa 12:8 y te di la casa de tu señor, y las mujeres de tu señor en tu seno; además te di la casa de Israel y de Judá; y si esto fuera poco, te habría añadido mucho más.

2Sa 12:9 ¿Por qué, pues, tuviste en poco la palabra de Jehová, haciendo lo malo delante de sus ojos? A Urías heteo heriste a espada, y tomaste por mujer a su mujer, y a él lo mataste con la espada de los hijos de Amón.

2Sa 12:10 Por lo cual ahora no se apartará jamás de tu casa la espada, por cuanto me menospreciaste, y tomaste la mujer de Urías heteo para que fuese tu mujer.

2Sa 12:11 Así ha dicho Jehová: He aquí yo haré levantar el mal sobre ti de tu misma casa, y tomaré tus mujeres delante de tus ojos, y las daré a tu prójimo, el cual yacerá con tus mujeres a la vista del sol.

2Sa 12:12 Porque tú lo hiciste en secreto; mas yo haré esto delante de todo Israel y a pleno sol.

2Sa 12:13 Entonces dijo David a Natán: Pequé contra Jehová. Y Natán dijo a David: También Jehová ha remitido tu pecado; no morirás.

2Sa 12:14 Mas por cuanto con este asunto hiciste blasfemar a los enemigos de Jehová, el hijo que te ha nacido ciertamente morirá.

2Sa 12:15 Y Natán se volvió a su casa.
Y Jehová hirió al niño que la mujer de Urías había dado a David, y enfermó gravemente.

2Sa 12:16 Entonces David rogó a Dios por el niño; y ayunó David, y entró, y pasó la noche acostado en tierra.

2Sa 12:17 Y se levantaron los ancianos de su casa, y fueron a él para hacerlo levantar de la tierra; mas él no quiso, ni comió con ellos pan.

2Sa 12:18 Y al séptimo día murió el niño;
Aquel niño muere por el pecado del rey y por que hizo que sus enemigos blasfemaran el nombre de Jehová. Aquí viene lo que quiero exponer con este relato. David ayuna, ora y clama por misericordia para aquel niño que no debía nada, sin embargo la sentencia ya estaba dada. El niño muere y ahora los sirvientes no hayan como darle la noticia, su pensamiento era: Si ha ayunado y orado por este niño mientras estaba vivo, ¿Qué irá a hacer el rey hoy que ya está muerto? Entonces David los observa y se da cuenta que le están ocultando algo y les dice:

¿Ha muerto el niño? Y ellos respondieron: Ha muerto.

Los sirvientes se quedan esperando la reacción que el rey va a tomar, se imaginaron que David haría destrozos o podría atentar contra su vida, pero él hace lo impensable:
2Sa 12:20 Entonces David se levantó de la tierra, y se lavó y se ungió, y cambió sus ropas, y entró a la casa de Jehová, y adoró. Después vino a su casa, y pidió, y le pusieron pan, y comió.

Si te sigues culpando porque no pudiste hacer esto o aquello con tu hijo o porque en realidad no fuiste un buen padre, haz lo que hizo David, el entró a la casa de Jehová y pidió misericordia, perdón y lo obtuvo, ¿De que te sirve seguir culpándote por algo que ya no vas a poder arreglar?:

Sal 32:1

Bienaventurado aquel cuya transgresión ha sido perdonada, y cubierto su pecado.

32:2 Bienaventurado el hombre a quien Jehová no culpa de iniquidad,
Y en cuyo espíritu no hay engaño.

32:3 Mientras callé, se envejecieron mis huesos
En mi gemir todo el día.

32:4 Porque de día y de noche se agravó sobre mí tu mano;
Se volvió mi verdor en sequedades de verano. Selah

32:5 Mi pecado te declaré, y no encubrí mi iniquidad.
Dije: Confesaré mis transgresiones a Jehová;
Y tú perdonaste la maldad de mi pecado. Selah

32:6 Por esto orará a ti todo santo en el tiempo en que puedas ser hallado;
Ciertamente en la inundación de muchas aguas no llegarán éstas a él.

32:7 Tú eres mi refugio; me guardarás de la angustia;
Con cánticos de liberación me rodearás. Selah

32:8 Te haré entender, y te enseñaré el camino en que debes
andar;
Sobre ti fijaré mis ojos.

32:9 No seáis como el caballo, o como el mulo, sin
entendimiento,
Que han de ser sujetados con cabestro y con freno,
Porque si no, no se acercan a ti.

32:10 Muchos dolores habrá para el impío;
Mas al que espera en Jehová, le rodea la misericordia.

32:11 Alegraos en Jehová y gozaos, justos;
Y cantad con júbilo todos vosotros los rectos de corazón.

Tenemos que sentirnos libres, libres de todo sentimiento de culpa, para poder ver su misericordia y si es necesario confesarle algo hagámoslo y recibamos su perdón:

Sal 51:1 Ten piedad de mí, oh Dios, conforme a tu misericordia;

Conforme a la multitud de tus piedades borra mis rebeliones.

51:2 Lávame más y más de mi maldad,
Y límpiame de mi pecado.

51:3 Porque yo reconozco mis rebeliones,
Y mi pecado está siempre delante de mí.

51:4 Contra ti, contra ti solo he pecado,
Y he hecho lo malo delante de tus ojos;
Para que seas reconocido justo en tu palabra,
Y tenido por puro en tu juicio.

Su misericordia, que es mas alta que los cielos, su misericordia que es más ancha que la mar, su misericordia que no tiene limite llevó a David a obtener el perdón, aun sus sirvientes se quedaron sorprendidos de su actitud:

12:21 Y le dijeron sus siervos: ¿Qué es esto que has hecho? Por el niño, viviendo aún, ayunabas y llorabas; y muerto él, te levantaste y comiste pan.

Este dolor que te ha venido matando todo este tiempo, lo tienes que dejar ir, tenemos que entender que ya no podemos hacer nada, Dios lo ha hecho por nosotros, la lógica de los sirvientes era que el rey iba a cometer un disparate, una locura, mas David se levanta, se arregla y come. En estas circunstancias no tenemos que atormentarnos más de lo que ya estamos viviendo, es el momento de reflexionar y de hablar con Dios y entregarle todo a EL aunque no entendamos. David nos deja bien en claro que ya no nos sirve de nada seguir ayunando u orando por el que ya partió y nos lleva a considerar otro aspecto en la muerte de un niño:

2Sa 12:22 Y él respondió: Viviendo aún el niño, yo ayunaba y lloraba, diciendo: ¿Quién sabe si Dios tendrá compasión de mí, y vivirá el niño?

12:23 Mas ahora que ha muerto, ¿para qué he de ayunar? ¿Podré yo hacerle volver? Yo voy a él, mas él no volverá a mí.

Mientras el niño vivía, yo ayunaba y oraba, esperando recibir el favor divino, mas ahora que ha muerto, ¿Para qué he de ayunar y clamar, si ya no está aquí? Vamos a llorar por nuestros muertos, pero el ayuno y la oración ya no nos sirven de nada, únicamente dar consuelo a los demás. YO VOY A EL, esta es la seguridad que todo cristiano tiene con respecto a la muerte, sabemos que cerramos nuestro ojos aquí y los vamos a abrir en su presencia y todo en fracción de un segundo. La conclusión de David es clara: MAS EL NO VOLVERA A MI. Una vez que alguien se haya ido de esta tierra, ya no hay manera de traerlo de regreso o volverlo a ver. ¿Cuál es la esperanza a la que tenemos que aferrarnos? A que los corazones solo los conoce Dios y así como un día para el Señor son como mil años y mil años como un día, en esos segundos finales, solo EL sabe lo que pasa (me costó mucho trabajo desistir de querer saber lo que pasó en aquel instante con mis muchachos, en el sueño de Gloria, ante esa pregunta, mi hijo le contestó: "No sé, en un instante nos vimos caminando en otro lugar"). Estos son los misterios de Dios que debemos de aceptar y tomar todo lo revelado para nosotros (Deuteronomio 29:29).

En diciembre 10 del mismo año del accidente de mi hijo, a ni siquiera un mes de distancia unos familiares se vieron envueltos en la misma situación allá en El Salvador, aquel día Carlitos de 19 años de edad salió de su casa hacia la Universidad y en el camino alguien chocó su carro y falleció. Aquello dejó un inmenso dolor en el corazón de sus padres, familiares y amigos. Querer describir lo que se siente en esta hora es imposible y solo quien ha pasado por esto puede medio entenderlo, por todo lo que envuelve. Pasaron muchos días sin que sus padres se atrevieran a abrir su cuarto, el cual había quedado intacto desde el día de la tragedia, pero tomando fuerzas de flaqueza lo hicieron y empezaron a revisar cosa por cosa, sus fotos, sus libros, sus apuntes y de repente encontraron algo que los dejó atónitos, aquel jovencito había dejado un poema dedicado a nuestro Salvador, nadie en realidad se pudo haber imaginado que en la mente de aquel joven vivía Dios:

> UNA NOCHE DE TINIEBLAS
> ME PERDI; PERO DIOS
> ME AYUDO A SEGUIR
> Y SU CORAZON ME DIJO A DONDE IR
> EL SIGUIENTE AMANECER
> VI UN REBAÑO
> Y EL DUEÑO ME DIJO:
> TU FALTABAS Y YA TE TRAJE
> Y NO TE VAYAS.
> YO TE QUIERO COMO SOS
> Y PORQUE SOS MI HIJO QUERIDO
> NO TE VAYAS.
> DIOS ME QUIERE COMO SOY
> NO LE IMPORTA COLOR
> PORQUE DIOS ME AMA MUCHO
> Y EL ME AYUDO A SEGUIR.

Aquí está la clave de todo, como padres nunca alcanzamos a averiguar o a conocer lo más intimo de nuestros hijos, por eso, no todo está perdido, aún hay esperanza después del dolor, porque no hay gozo más grande que tener la seguridad de que nuestros hijos son salvos y que un día los vamos a volver a ver y la Biblia nos asegura que en esta vez será por toda la eternidad. Esa "noche de tinieblas" que habla el poema, son aquellos momentos que tu hijo vivió y que tu lo veías que andaba mal, ya no quería estar contigo o lo veías desesperado destruyendo su propia vida, él mismo en realidad se sentía perdido, pero había algo en su corazón...ese algo que tu no conoces y es en esa noche de tinieblas donde muchas veces se manifiesta Dios, para llenar lo que aquel joven no puede alcanzar. ¿Como vamos a saber lo que nuestros hijos estuvieron pensando a solo segundos de morir? Pero Dios, Dios los encuentra y los guía. El ya no puede venir a mí, mas yo si puedo ir al lugar donde se encuentra. Lo único que tenemos que hacer es abrirle nuestro corazón al Señor y dejar que el tome control de nuestras vidas, yo se que tu crees en Dios con todo tu corazón sino ya hubieras dejado a un lado este libro, ahora entrégale tu dolor y tu angustia a EL y verás que te llenará una paz que no tiene comparación. Solo contesta lo siguiente:

¿Crees con tu corazón que Jesucristo es el Señor y que Dios lo levantó de los muertos? Si tu respuesta es si y lo confiesas, lo declaras con tu boca, la Biblia dice que tu eres salvo; así de sencillo, la clave es creer con tu corazón y confesarlo con tu boca; ya no sufras y hazlo. Su palabra dice:

"Venid a mí todos los que estáis trabajados y cargados, y yo os haré descansar. Llevad mi yugo sobre vosotros, y aprended de mí, que soy manso y humilde de corazón; y hallaréis descanso para vuestra alma; porque mi yugo es fácil y ligera mi carga." Mt 11:28-30

Ahora ya nada te podrá separar del amor de Dios que es en CRISTO JESUS SEÑOR NUESTRO, ahora eres mas que vencedor por medio de su amor. Solo cree.

Capítulo Diez
CONCLUSION

No ha sido fácil llegar hasta aquí y creo que Dios me ha llevado muy despacio por este camino, para permitirme ver que la historia se sigue repitiendo y que necesitamos saber la verdad. en un momento de dolor y frustración como este. Han pasado más de cinco años de que German y Shantile fueron sacados de este mundo y llevados ante la presencia del Rey y el recuerdo está tan presente como si todo pasó ayer. Doy gracias a mi Dios por su Espíritu Santo que nos consuela y nunca nos deja solo. En este tiempo hemos aprendido a confiar más en EL y su Palabra se nos ha revelado de una manera más clara. De nada sirve quedarnos clavados en el dolor, en el recuerdo de lo que pudo ser, conviene más mirar a la cruz y observar con atención el sacrificio que se llevó a cabo en ella y comparar el precio que se pagó allí por hacernos libres. Nuestro dolor no es nada en comparación del que sufrió allí y mucho menos cuando nos damos cuenta de que Dios estaba en Cristo, reconciliándonos con EL; nuestros hijos son prestados para que se lleve a cabo el plan de Dios y se va a cumplir de una manera o de otra. El Libro de Job y nuestra propia experiencia nos da testimonio de ello y el profeta Jeremías nos lo enseña desde el punto de vista de Dios:

Palabra de Jehová que vino a Jeremías, diciendo:

Levántate y vete a casa del alfarero, y allí te haré oír mis palabras.

Y descendí a casa del alfarero, y he aquí que él trabajaba sobre la rueda.

Y la vasija de barro que él hacía se echó a perder en su mano; y volvió y la hizo otra vasija, según le pareció mejor hacerla.

Entonces vino a mí palabra de Jehová, diciendo:

¿No podré yo hacer de vosotros como este alfarero, oh casa de Israel? dice Jehová. He aquí que como el barro en la mano del alfarero, así sois vosotros en mi mano, oh casa de Israel.

Jer 18: 1-6

Sin importar quienes seamos, Dios nos ha escogido para hacer como el quiere con nuestras vidas, entendiendo que EL siempre busca lo mejor aunque no lo entendamos; el alfarero prepara la vasija a su antojo, pero si por alguna razón no le sale como él la planeó, la deshace y la empieza de nuevo hasta alcanzar lo que estaba buscando, pero no es nada fácil, es un largo proceso que ni siquiera entendemos; desde que aceptamos al Señor a Gloria siempre le gustó ese canto del alfarero:

Un día llorando le dije a mi Señor; Tú el Alfarero y
yo el barro soy,
Moldea mi vida, a tu parecer
Haz como tú quieras, hazme un nuevo ser.
Me dijo no me gustas, te voy a quebrantar
Y en un vaso nuevo te voy a transformar
Pero en el proceso te voy hacer llorar
Porque por el fuego te voy hacer pasar
Quiero una sonrisa cuando todo va mal
Quiero una alabanza en lugar de tu quejar
Quiero tu confianza en la tempestad
Y quiero que aprendas también a perdonar

A mi mente se vino una predicación que escuché
cuando tenía muy poco tiempo en la iglesia y esa el noche
el predicador explicaba con todo lujo de detalles el por
qué las vasijas de China son tan caras. Para entonces ni
siquiera me imaginaba que nosotros íbamos a ser ese
barro sometido a tantas cosas para querer hacernos una
vasija de valor. Encontré una reflexión que llamó mucho
mi atención y que explica lo que cuesta llegar a ser esa
vasija:

NO SIEMPRE UNA TAZA DE FE

Una pareja solía viajar a Inglaterra y comprar en una
hermosa tienda de antigüedades. Este viaje celebraba
su XXV Aniversario de bodas. A ambos les gustaban
las antigüedades y los objetos de arcilla, en especial las
tazas de té. Notando una taza excepcional, preguntaron:
"¿Pudiéramos ver esa? Nunca hemos visto una tan
hermosa". Mientras que la señora se las pasaba, de repente
la taza de té habló: "Ustedes no entienden", dijo, "No
siempre fui una taza de té. Hubo un tiempo en que solo
era un pedazo de arcilla roja. Mi maestro me tomó y me

amasó, me golpeó y me dio palmaditas, una y otra vez, hasta que grité: ¡No hagas eso. No me gusta! Déjame en paz". Pero él tan solo se sonrió y me dijo: "¡Todavía no!" "Entonces ¡WHAM! Fui colocada en una rueda giratoria y de repente empecé a dar vueltas y vueltas y vueltas. ¡Detente! ¡Me estoy mareando! ¡Me voy a enfermar! Pero el maestro tan solo asintió y dijo quedamente: "Todavía no". Me siguió dando vueltas y me hizo agujeros y me dobló y me volvió a doblarme a su gusto y entonces... ¡me puso en el horno! Nunca había sentido tanto calor. Grité y golpeé la puerta con fuerza. ¡Ayúdenme! ¡Sáquenme de aquí!. Podía verlo a través de la apertura y podía leer sus labios mientras meneaba su cabeza. ¡Todavía no! "Cuando pensaba que no podría soportar otro minuto se abrió la puerta. Cuidadosamente me sacó y me puso sobre la mesa y empecé a enfriarme. ¡Oh, eso se sentía tan bien! Esto es mucho mejor de lo que pensé. Pero, tras de enfriarme, me tomó y me pasó la brocha pintándome por todos lados. Los vapores eran horribles, pensé que me iba a ahogar. "¡Oh, por favor, detente, detente", grité. El solo movió la cabeza y dijo: "Todavía no". "Entonces de repente, me puso nuevamente en el horno. Sólo que no fue como la primera vez. Esta vez estuvo el doble de caliente y simplemente supe que me iba a sofocar. Rogué, grité, lloré. Estaba convencida de que nunca lo lograría. Estaba lista a rendirme. Justo entonces se abrió la puerta y me sacó de nuevo y me puso en la mesa en donde me enfrié y esperé…y esperé, preguntándome qué era lo próximo que me iba a hacer. Una hora más tarde, me pasó un espejo. Me dijo:"Mírate" y lo hice.

Dije: "Esa no soy yo, no puedo ser yo. Es hermosa. ¡Soy hermosa!" Suavemente habló: "Quiero que recuerdes.

Sé que dolió ser golpeada y rodada, pero si te hubiera dejado sola, te hubieras secado. Sé que te mareaste al dar vueltas en la rueda, pero si lo hubiera detenido, te habrías derrumbado. Sé que te dolió cuando estabas caliente e incómoda en el horno, pero si no te hubiese puesto allí, te hubieras rajado. Sé que los vapores eran malos cuando terminé de pintarte y te puse allí, pero si no lo hubiese hecho, nunca te hubieras endurecido. No hubieras tenido color alguno en tu vida. Si no te hubiera puesto por segunda vez en el horno, no hubieras sobrevivido mucho porque tu dureza no habría durado. ¡Ahora eres un producto terminado! Ahora eres lo que tenía en mente cuando comencé contigo."

MORALEJA:

Dios sabe lo que está haciendo con cada uno de nosotros. EL es el alfarero y nosotros su arcilla. EL nos moldea y nos hace. Nos expone a suficientes presiones del tipo adecuado para que podamos convertirnos en la pieza de arte que cumpla su voluntad buena, agradable y perfecta. Así que, cuando la vida parezca difícil y estamos siendo golpeados y empujados, casi al borde de nuestra capacidad; cuando nuestro mundo parece estar girando sin control; cuando nos sentimos en el horno de la prueba, cuando la vida parece que no es vida, entonces, piensa en el Alfarero y no te olvides que solamente somos su barro.

Ya no estés triste y sintámonos felices que hemos sido escogidos por el Creador para moldearnos a su imagen, nada está perdido, hoy mas que nunca debemos entender la escritura de Romanos 8:28, la cual presento en diferentes versiones:

"Y sabemos que a los que aman a Dios, todas las cosas les ayudan a bien, esto es, a los que conforme a su propósito son llamados.

Sabemos que Dios dispone todas las cosas para el bien de quienes lo aman, a los cuales él ha llamado de acuerdo con su propósito.

Por lo demás, sabemos que en todas las cosas interviene Dios para bien de los que le aman; de aquellos que han sido llamados según su designio.

Y sabemos, que todas las cosas obran juntamente para el bien de los que a Dios aman, es a saber , a los que conforme a su propósito son llamados.

Y [ya] sabemos que a los que a Dios aman, todas las cosas les ayudan a bien, a los que conforme al Propósito son llamados (a ser santos).

Sabemos que hay esperanza después del dolor y tu has sido escogido para ayudar a otro que va a pasar por lo mismo, pero ahora has comprendido que no estás solo, que no ha sido cosa del destino o de la mala suerte, sino un plan precioso de Dios. ¿Por qué he repetido el título de este escrito tantas veces? "Esperanza después del dolor", por que esa esperanza gloriosa y maravillosa es nuestro Señor Jesucristo, a quien le damos las gracias por habernos escogidos como su barro. Te dejo con un versículo y con una pregunta:

Ustedes no han pasado por ninguna prueba que no sea humanamente soportable. Y pueden ustedes confiar en Dios, que no los dejará sufrir pruebas más duras de lo que pueden soportar. Por el contrario, cuando llegue la prueba, Dios les dará también la manera de salir de ella, para que puedan soportarla.

1 Co 10:13 Versión DIOS HABLA HOY

¿Habrá terminado la obra el Alfarero en nuestras vidas o tenemos que esperar por más?

Y… ¿Qué de Ti?

DIOS TE BENDIGA

ACLARACION

He tratado de dejar bien en claro las citas bíblicas que he usado para no verme en la necesidad de usar "notas de pie" y lo hice así para que fuese mas fácil para los lectores, la verdad es que no pretendo que este escrito sea considerado como una obra sino mas bien como una ayuda para todos aquellos que nos hemos visto envueltos en este proceso. En la mayoría de casos he usado la Biblia Reina-Valera del 60 por ser la más conocida y con la que más estamos familiarizados. También usé la Biblia Católica y la Dios Habla Hoy. Los libros mencionados son libros conocidos al igual que sus autores.

Terminé este escrito en el invierno del 2009 y 2010.